STRATEGIES FOR PROFITING
WITH JAPANESE
CANDLESTICK CHARTS

日本蜡烛图技术盈利策略

[美]史蒂夫·尼森（Steve Nison）/ 著　　张冀　姬建伟 / 译

—精进版—

湖南文艺出版社
HUNAN LITERATURE AND ART PUBLISHING HOUSE　　博集天卷
CS-BOOKY

著作权合同登记号：图字 18-2023-185

图书在版编目（CIP）数据

日本蜡烛图技术盈利策略 /（美）史蒂夫·尼森
（Steve Nison）著；张冀，姬建伟译 . —长沙：湖南
文艺出版社，2023.10（2025.6 重印）
书名原文：Strategies for Profiting With
Japanese Candlestick Charts
ISBN 978-7-5726-1349-4

Ⅰ. ①日… Ⅱ. ①史… ②张… ③姬… Ⅲ. ①股票交
易—基本知识 Ⅳ. ①F830.91

中国国家版本馆 CIP 数据核字（2023）第 157183 号

上架建议：金融·投资

RIBEN LAZHUTU JISHU YINGLI CELÜE
日本蜡烛图技术盈利策略

作　　者：	［美］史蒂夫·尼森（Steve Nison）
译　　者：	张　冀　姬建伟
出 版 人：	陈新文
责任编辑：	张子霏
监　　制：	于向勇
策划编辑：	陈文彬
文字编辑：	罗　钦　张妍文
营销编辑：	邱　天　时宇飞　黄璐璐
版权支持：	张雪珂
封面设计：	利　锐
出　　版：	湖南文艺出版社
	（长沙市雨花区东二环一段 508 号　邮编：410014）
网　　址：	www.hnwy.net
印　　刷：	天津联城印刷有限公司
经　　销：	新华书店
开　　本：	787mm×1092mm　1/16
字　　数：	175 千字
印　　张：	14
版　　次：	2023 年 10 月第 1 版
印　　次：	2025 年 6 月第 2 次印刷
书　　号：	ISBN 978-7-5726-1349-4
定　　价：	88.00 元

若有质量问题，请致电质量监督电话：010-59096394
团购电话：010-59320018

历史在不断重复。

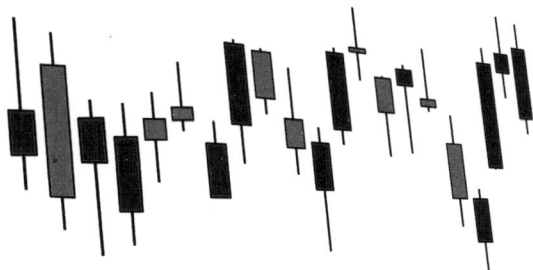

作者介绍

初识交易大师史蒂夫·尼森

　　史蒂夫·尼森是最早向世界揭示日本蜡烛图密码的专家之一。他是国际知名畅销书《日本蜡烛图技术》（*Japanese Candlestick Charting Techniques*）和《超越蜡烛线》（*Beyond Candlesticks*）的作者，也被西方世界公认为蜡烛图分析方法的权威。

　　史蒂夫·尼森的作品已经在《华尔街日报》《巴伦周刊》《机构投资者》和《财富》杂志等多家世界著名的金融媒体上发表。同样，他也是一位广受欢迎的演讲者，并向做市商、分析师、机构交易员和活跃的在线交易员，宣讲自己的跨国交易策略。他也曾是日本大和证券的高级副总裁和美国美林证券的高级技术分析师。1997年，他还创立了尼森国际研究公司，该公司向交易者提供专属技术咨询以及现场和网络研讨会服务。

本书中使用的图表由阿斯彭制图公司（www.aspenres.com）和Quicken软件平台提供。要了解更多相关信息，可访问网址：www.quicken.com/ quickenquoteslive。

序

一张地图只能是一段旅程的路线图，但你手中捧着的不仅仅是一本书，它的价值远远超越了书籍页面本身。现代交易中技术分析的魅力在于，当你拥有这本书时，你就拥有了学习市场交易经验的系统理论。我们携手本书作者、所有的合作伙伴，始终致力于研究如何将本书提及的技术分析方法应用到真实的市场交易中。所有研究成果，包括可运用于市场交易的技术，都囊括在本书中。

如果你在认真地学习交易的来龙去脉，那你很可能已经在各种讲座和交易研讨会上耗资甚多。在经历了种种努力之后，你还必须去吸收掌握各种复杂的理论和策略。回想上一次在讲座中学习的内容，也许你能想起来的只是渴望自己能有机会去咨询一个术语，或是深入探讨一个概念。

事实上，你这种情况并非个例。在那些漫长而昂贵的讲座中，大多数与会者可能只是获得一些零碎的东西，希望能在潦草的笔记中勾勒出关键的细节。对那些过目不忘的人来说，现场的讲座可能恰到好处；但对我们大多数普通人来说，可以随意翻阅的书籍是精通任何学科的万能钥匙。

本书正是想给你一把开启市场交易学问的万能钥匙。我们的终极目标是为交易者提供最直接、最实用的信息，让他们在市场交易中取得成功。

让我们面对现实，精通市场交易需要时间和奉献精神。学习阅读图表、挑选指标、识别交易模式只是万里长征第一步。事实是，你对交易技术掌握的深度和对本行业的理解，将决定你未来在这个市场上的财富状况。

本书能让你掌握蜡烛图这一交易分析方法的精髓，并最终指导你在金融市场上实现你所渴望的财富自由。

获得更多有益的交易策略和教学工具，请访问网址：www.traderslibrary.com/TLEcorner。

一如既往，预祝你取得最大的成功。

Marketplace Books总裁和所有者

克里斯·迈尔斯

译者序

很荣幸能成为史蒂夫·尼森先生这部巨著的译者，阅读完本书有一些感触，希冀与大家分享。

蜡烛图是一种广泛应用于金融市场的技术分析方法，能以此为凭，窥破市场天机，修炼属于自己的金融炼金术吗？

能还是不能？很多人希望得到肯定的答复。很遗憾，问道如此，便已经很难得到肯定的答案。金融市场操作与战争有异曲同工之妙：开战前参谋部可以提出无数种策略，但开战的一瞬主帅只有一种打法；市场中有无数种技术分析方法，但投资决策只能由主帅投资人做出，结果也只能由投资者承担。战争有胜败，市场有盈亏，在市场中只有市场才是正确的，对投资者则不存在百分百肯定的事情，存在的只有概率。

与所有技术分析方法一样，千人千面，蜡烛图及本书介绍的方法在不同的投资者手中会得到截然不同的结论。蜡烛图以及本书介绍的蜡烛图方法必须结合个人投资风格、当时市场情况，具体情况具体分析。投资者如何运用技术分析，与操作者的投资风格、风险偏好、资金量，甚至个人生活习惯都有很大关系，没有唯一的标准答案。

既然如此，本书介绍的蜡烛图的意义又在何处？

金融市场里有句名言："历史在不断重复。"市场确乎始终循环着，在涨跌中演绎市场阴阳天道，在回环曲折中改变人们的财富轨迹。尽管在不同时间市场体现了不同特征，但还是有一些基本的市场规律可以遵循，即市场可知。蜡烛图以及相关技术分析方法的基础便在于此。总结历史，从中演绎出一定规律，从而修炼属于自己的金融炼金术。

技术分析方法没有优劣之分，同一种技术分析理论在不同人身上会得到不同结果，甚至同一种技术分析理论在同一个人的不同投资时段也会得到不同结果。之所以有这样的结果，很大程度上是因为投资决策最终取决于人，际遇、心境、知识随着时间变化而不断变化，看似分毫之差，得到的结果却可能截然不同。而且，很难说盈利就是对的，亏损就是错的，投资盈亏只是标准之一，还有一个标准，便是时间。随着时间推移，今天盈利跟未来盈利没有必然联系，不同持仓策略也会得到不同结果。

兵无常势，水无常形。对投资者而言，便是要在看似杂乱的布朗运动中形成适合自己的投资风格，与市场和谐共振，最终有所斩获。包括本书主要介绍的蜡烛图技术，任何一种技术分析理论都经过了千锤百炼，有自身的逻辑合理性。蜡烛图技术的优点在于直观、简练，结果很容易理解，背后的支撑理论则是"市场有效原则"。学习理论固然重要，但更重要的是结合自身情况在不同场景中应用，直至形成适合自己的投资方法。

以此与各位读者共享。

张冀　姬建伟

2022年7月

目录
Contents

引言

日本有句谚语，"聪明的鹰会藏起爪子"。百余年来，西方世界对日本人的技术分析方法和蜡烛图的"鹰爪"全然不知。我很高兴能帮助你揭示蜡烛图神秘的面纱，解开东方的秘密。简而言之，蜡烛图技术已经彻底改变了以往的股票分析方法，并且已成为现代西方讨论最多的图表形式之一。《华尔街日报》发文称，"日本蜡烛图照亮了交易者的道路"；《投资者图书馆》也称，"无论你是日内交易还是持仓，蜡烛图都必不可少"。

顺便说一下，不仅仅是媒体喜欢基于蜡烛图技术的市场交易分析，成千上万的交易者也开始关注蜡烛图。在过去几年里，我写的书销量猛增，广受热评，数百种金融刊物和网站也都在关注蜡烛图分析方法。有一天，我在浏览金融方面的博客，这时我10岁的儿子问我："人们在博客上也使用蜡烛图吗？"我说："是的，他们当然在用。"然后他说："爸爸，如果不是你，就不会有人知道蜡烛图了。"

我儿子的话言过其实，因为早在几百年前，日本人就已经开始利用蜡烛图进行交易分析了，但我依然对儿子的称赞感到欣慰。在我著书阐释这些不可思议的分析工具前，西方世界对蜡烛图一无所知。20世纪以来，西方使用的传统图表仅限于竹线图和点数图。直到20世纪末，我才向西方世界介绍了蜡烛图这一古老的东方技术。今天，蜡烛图正成为一种基础、流行的市场图表分析技术。这也证明了蜡烛图的价值所在。

我预测蜡烛图将成为你纵横股票市场的一个"秘籍"。蜡烛图分析方法的重要性已经成为大众共识，技术分析是衡量市场情绪是否健康的唯一方法。价格由理性和情绪两部分决定。你有多少次看到市场在基本面没有任何变化的情况下出现波动？通常来说，投资的时间越长，市场的基本面分析就越重要。但当你进入短期交易时，技术面分析的重要性就会更加显著。研究市场情绪对价格影响的唯一方法是研究价格趋势，换句话说，交易者需要仔细研究图表中的价格模式和信号。而用什么样的分析方法才能洞悉市场数据背后的隐藏信息呢？这就要提及本书主要讲解的蜡烛图分析方法了。

市场基本面衡量的是交易者投资决策的理性部分，但它们不能解释价格在短期内变化的情绪或心理影响。20世纪初著名的交易员杰西·利弗莫尔曾说过："人性永远不会改变；钱袋子变了，技术变了，但市场从未改变。"怎么会这样呢？驱动市场变化的可能不是理性，不是经济学，当然也不是逻辑，反而可能是人类的感性要素。

为了证明这一点，我举个例子加以说明。在20世纪90年代，美国芝加哥交易所的大豆价格因干旱而上涨。由于大豆种植区干旱，大豆价格上涨也在意料之中。然后，几滴水从窗户玻璃上滑了下来，有人喊："看，下雨了！"接着天空下起了毛毛细雨，然后是倾盆大雨。大雨落在芝加哥，但芝加哥没有人种植大豆。然而，这场大雨最终导致大豆价格开始缓慢下跌，然后是暴跌。而此时，在大约300英里[1]以南的大豆种植核心区，那里万里无云，赤日炎炎，焦土欲燃。这就是重点所在，即使大豆种植区滴雨未下，仅仅是交易者看到芝加哥市区下雨了，就想当然认为大豆种植区在下雨。这导致了交易者没能做出理性的判断。对交易者而言，除非市场对此做出反应，否则一切都无关紧要。交易者总是带着情绪参与市场博弈，而判断市场情绪的唯一方法是运用技术分析手段，意气用事则是市场交易的大忌。

蜡烛图能让你真正洞察市场心理。即便是以基本面为导向的交易者在寻求价值投资时，也能发现蜡烛图技术分析的实用性。假如此时有多家公司的股票可供选择，你会买入哪一家？或者你会卖出哪只股票？你肯定会卖出那些在价格阻力区间的股票。这种情况恰如右手帮助左手，蜡烛图分析技术正是对基本面分析的有益补充。另外，由于现在有如此多的交易员和投资者在使用蜡烛图，所以蜡烛图本身已经成为影响市场走势的重要因素之一，任何驱动市场的因素都值得关注和研究。

蜡烛图并不是我新创的概念。我曾经看过一本书，作者是一个日本人（本间宗久），成书于1755年，书名被翻译成了《黄金泉——三猿金钱录》。这个书名是不是让人感觉有点莫名其妙，不知所以？书中写道："当所有人看跌时，价格就有理由上涨；当所有人看涨时，价格就有理由下跌。"这听起来就像反向投资。早在美国建国之前，日本人就已经这么操作了。当时日本人正在交易他们所谓的"虚拟"大米合约——这就是期货合约的最早雏形。在日本商贸重镇大阪市，日本人交易买卖这些合约。直到今天，在大阪，人们日常习惯的问候还是"你赚到了吗？"蜡烛图分析技术就是源于此。

《日本经济杂志》上曾经刊登过我写的一篇文章，其中有

---

1 英美制长度单位，1英里约合1.61千米。——编者注

讲"只了解日本蜡烛图技术是远远不够的，还必须吸收西方技术分析的精华"。日本人使用蜡烛图技术，同时也掌握了西方的技术分析方法。因此，日本分析师和交易员在使用蜡烛图技术这门东方之术，也在使用西方分析方法。他们得乎二者之精髓，在交易市场中就立于不败之地。现在轮到我们向日本人学习蜡烛图分析方法了，需要糅合东西方智慧之长处，成一家之言。

第一章 基础知识：蜡烛图构建

我们公司有一种独特的策略，叫作交易三联体。我通常将其比作鼎足之势。如果去掉其中一条腿会发生什么？宝鼎肯定会失去平衡而倒下。交易三联体亦如此，三要素相互支撑以保持平衡，如图1.1所示。"宝鼎"的第一条腿是蜡烛图技术的基础知识。我将构建一些图表，其中包括价格趋势线，以开发可识别的模式和趋势，探究如何揭示市场走势的方法。第二条腿是对西方分析技术的研究。在市场交易中，我认为蜡烛图分析方法不会取代西方的分析方法，甚至不会取代西方传统的竹线图，因为你仍离不开开市价、收市价、价格高点、价格低点4个价格因素。当把这4个因素作为趋势线和移动平均线的内容进行考量时，这些因素就会显得更为重要。第三条腿是研究在市场交易中降低风险，促进投资资本保值的机制。

你也许听过中国有句古话，"水能载舟，亦能覆舟"。此中智慧也适用于其他诸多地方，包括交易者如何使用蜡烛图。诚然，蜡烛图虽然只显示了特定时段的情况，但其作用不止于

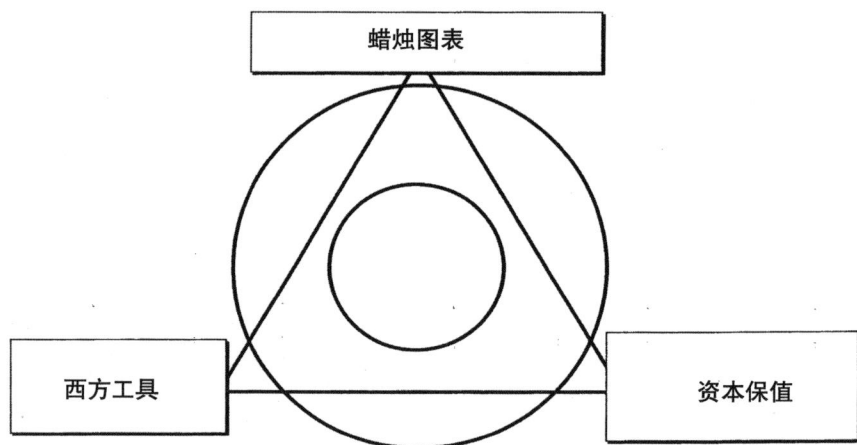

图 1.1　交易三联体
注：摘自 www.candlecharts.com。

此。交易者可以利用蜡烛图来管理和降低投资风险，并对当下的投资组合做出更加明智的决策——这才是蜡烛图真正的价值。

蜡烛图中含有单蜡烛线模式、双蜡烛线模式或三蜡烛线模式，向交易者非常清晰、具体地展示了转折点或拐点。在竹线图中，交易者可以通过跟踪长期趋势线或关注著名的头肩等流行技术信号来寻找反转。蜡烛图将提供更为清晰的信号，让交易者洞烛先机，能注意到即将到来的价格反转时刻。然而，交易者还需要牢记，组合蜡烛图形态远比任何单一蜡烛图形态更重要，预测的准确性也更高。

比如，交易者所关注的蜡烛图可能显示出了明确的价格趋势，但当这种趋势形成时，你可能已经来不及采取行动了。重要的是要记住，无论在看哪种市场，你都可以使用蜡烛图来改善交易的时机。无论在什么时间框架或市场条件下，这种方法都屡试不爽。

图1.2是一幅典型的竹线图。需要特别注意的是，构建蜡烛图和竹线图使用的数据完全相同，但数据显示形式却有很大差别。我运用了和竹线图相同的数据，将其转换成蜡烛图，如图1.3所示。比较二者的区别，读者能发现蜡烛图的哪些优势？

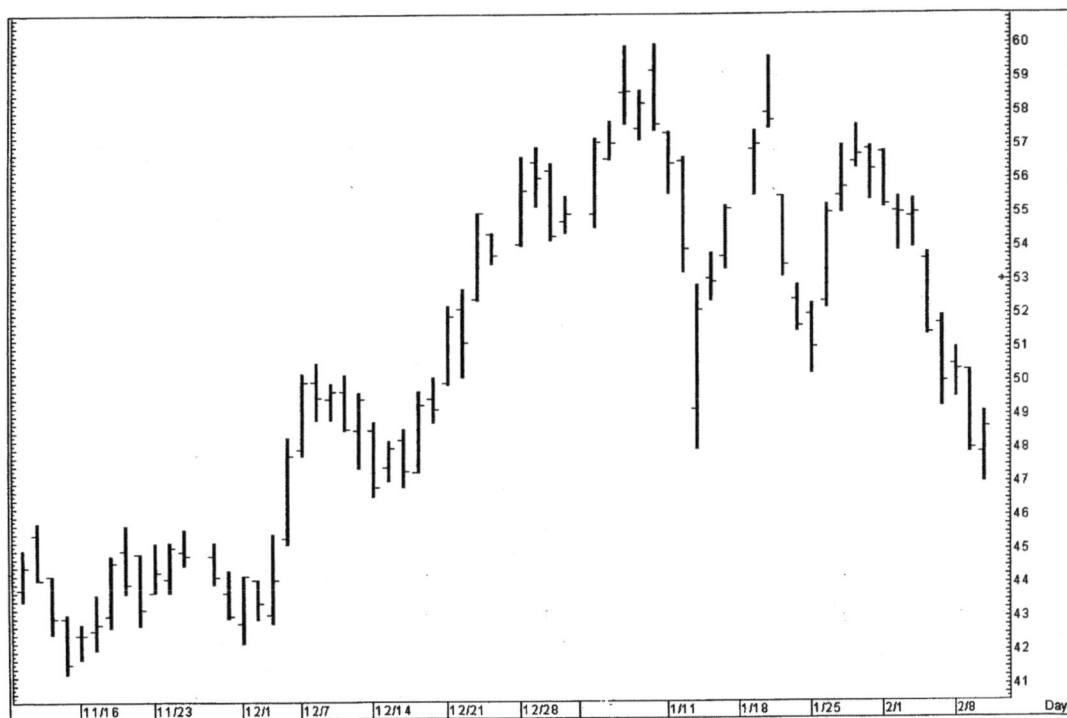

图 1.2　竹线图 / 日线图

竹线图，也叫OHCL图表，是一种简单的价格图，以垂直线或竖线表示当天价格波动区间。图中垂线向左小幅延伸即表示开市价，向右小幅延伸表示收市价。

蜡烛线

图1.3蜡烛图中的数据和图1.2竹线图中的数据一致，但额外添加了第三维度。竹线图中的竖线被替换为一个长矩形，其顶部和底部的边界线表示价格区间，并在矩形上方和下方加上了垂直延长线。所以，蜡烛线和竹线图竖线的上下尺寸是一样的。第三维度在于蜡烛线矩形的颜色或黑或白。收涨的交易日（收市价高于开市价）则用白色矩形，被称为阳线；收跌的交易日（收市价低于开市价）则用黑色矩形，被称为阴线。在蜡

图 1.3　蜡烛图／日线

烛图中，线长表示价格变动范围，阳升阴降，一目了然。

> 蜡烛图报告了当天市场交易价格的区间。白色矩形表示收涨的交易日，黑色矩形表示收跌的交易日。矩形的上下边框分别表示开市价和收市价。

　　"蜡烛芯线"可能出现在矩形的上方或下方（或上下同时出现），形状好像蜡烛，"蜡烛线"这一名称由此而来。蜡烛图的每一部分都有各自的名称。因为矩形上、下边缘分别代表开市价和收市价，所以黑色或白色的矩形部分叫作实体。

> 实体是蜡烛图中的矩形块，边界代表开市价和收市价，其范围并不包括高于或低于开市价和收市价的任何价格点。

　　矩形上方的延伸线叫上影线，矩形下方的延伸线叫下影线，二者可以同时出现。例如，开市价为32.10美元，收市价为34.00美元，实体表示的当日价格变化就是1.9美元。然而，当天市场价格变动可能涨至最高价每股35美元，跌至最低价每股32美元。在这种情况下，蜡烛图则同时出现上影线和下影线。

> 上影线表示某个交易日的价格范围。该范围高于开市价和收市价的价格变动区间，并延伸到当天的最高价。
> 下影线表示某个交易日的价格范围。该范围低于开市价和收市价的价格变动区间，并延伸到当天的最低价。

美国全国广播公司财经频道前脱口秀主持人约翰·墨菲曾和我说："有位观众打电话问我，那些看起来像热狗的图是什么？"我略做思考，暂且称之为"热狗图"，以吸引美国人的注意。但后来经过深思熟虑和深入研究，我感觉这些图表在西方世界仍是很新鲜的事物。

无论你认为这些图像蜡烛还是像热狗，其中都涵盖了很多新术语。在读者能有效使用蜡烛图前，掌握这些术语就显得十分重要。比如，开市价和收市价处于同一水平或非常接近时，应该怎样命名？这就是一个十字线（Doji）形态。

> Doji，日语"ドジ"，意为"失误"，表示开市价和收市价处在同一水平或者非常接近。这种情况在蜡烛图中不表现为矩形，而实体则表现为一条水平线，形状就像一个十字形。

Doji形态同时具有上、下影线时，就像一个十字形。此时蜡烛线实体成了一条水平线，影线则成了垂直线。十字线形态在所有蜡烛图形态中是最重要的一种。我将在后文解释为什么这种形态很重要，现在只介绍一些重要的基本概念和定义。蜡烛图（包含十字线形态）的形态如图1.4所示。

你能在"蜡烛线"图形中读取很多蜡烛图所包含的信息：实体、上下影线、开市价、收市价和价格趋势等。在图1.4左半

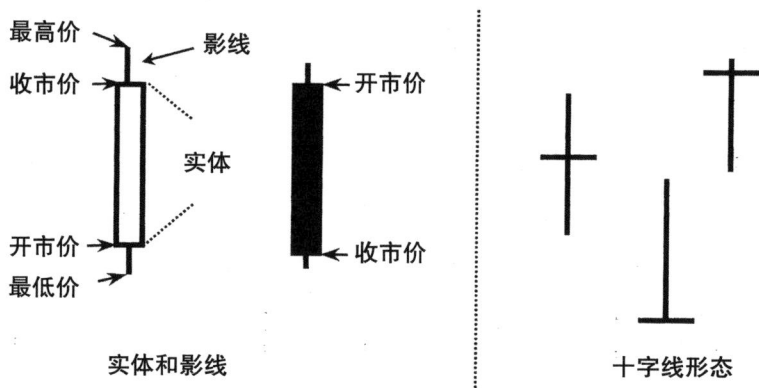

图 1.4　构建蜡烛线

部分，我对此进行了归纳总结；在图1.4右半部分，我归纳出了十字线形态。需要注意的是，可能出现3种十字线形态：十字形（上下都有影线），或只有上影线，或只有下影线。

蜡烛图之所以很有价值，在于其相对简单的设计中蕴含了如此丰富的信息。下面将蜡烛图包含的信息列举如下：

- 当天全部价格变动区间
- 开市价和收市价
- 价格趋势

更重要的是，当你看到涵盖多个交易日的蜡烛图表时，你就能很直观地看清整体价格趋势。虽然竹线图能让你很容易看出价格趋势的升降，但蜡烛图可以帮助交易者轻而易举地判断交易日价格上行和下行变动的相对强弱、价格变动区间大小、交易行为的波动性（结合日常交易量）。所以说，蜡烛图将信息丰富性和读取间接性合二为一，最终为交易者增加胜算。

至此，本书讲解的蜡烛图基本信息，足以让交易者来构建自己的蜡烛图了。图1.5给出了一张表格，以及5个交易日的市场价格数据，其中包括每个交易时段的开市价、最高价、最低价和收市价，以此为起点开始你的绘制吧！

　　将价格信息转换，并以蜡烛图的形式进行展现，如图1.6所示。实体的颜色取决于当天的价格在开市价和收市价之间是上涨（实体为白色），还是在二者之间下跌（实体为黑色）。价格区间决定了蜡烛线实体大小，交易时段最高价和最低价决定了上、下影线的范围。无论你所见到的蜡烛图是日线图还是5分钟线图，这些规则都行之有效。顺便说一句，你会发现，蜡烛图中运用的分析方法放在所有交易时段都能奏效。日内交易者偏向使用时段非常短的蜡烛图，而波段交易者——在2—5天内进行交易的交易者——通常更喜欢使用日线图。

交易日	开市价	最高价	最低价	收市价
1	23	26	21	25
2	26	28	23	27
3	23	27	22	22
4	25	28	22	25
5	27	27	25	25

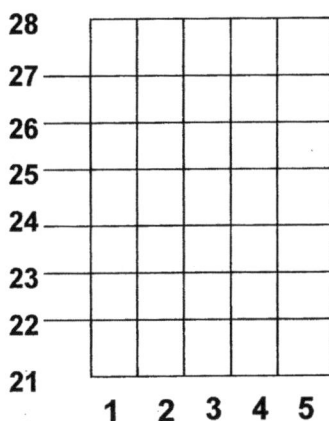

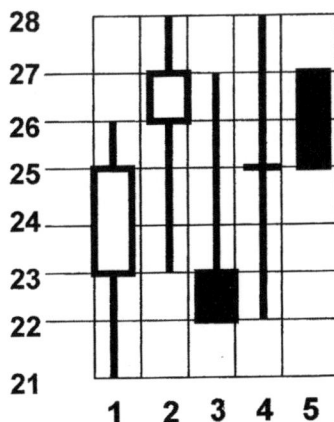

图 1.5 绘制蜡烛线

交易日	开市价	最高价	最低价	收市价
1	23	26	21	25
2	26	28	23	27
3	23	27	22	22
4	25	28	22	25
5	27	27	25	25

图 1.6 绘制蜡烛线

20世纪80年代，当我第一次利用蜡烛图进行市场分析时，互联网还属于新生事物，所以我不得不手工绘图。即使后来互联网逐渐普及，当时也没有人能真正了解蜡烛图。但在今天，你应该感到庆幸，因为有数不清的网站免费提供交易市场蜡烛图的实时动态，包括不同时段的蜡烛图和移动平均线等其他辅助性指标。即使你不需要手工绘图，利用这些蜡烛图的练习来掌握基础知识也未尝不可。对我而言，我还在期待一个更先进的系统。利用这个系统，我只要轻轻按下按钮，明天的股票价格就能一目了然，而不再需要反复研究对比各种复杂的数据！

价格跳空

人们在使用蜡烛图时，会有些困惑——构建蜡烛图的基础数据被严格限制在当前交易价格，其中开市价并非上一个交易日的收市价。如果上一个交易日的收市价和当日开市价二者之间出现差值，我们就称为"价格跳空"。就此来看，蜡烛图似乎一无是处了。因此，当你看到某个交易日的收市价和下一个交易日开市价有差值，特别是二者差值很大时，就需要特别注意。

> 如果某个交易日收市价和下一个交易日开市价之间有差值，且新的开市价不属于或超出前一交易日的价格范围，我们就称这种现象为"价格跳空"。

当蜡烛图中出现收市价和开市价的间隔时，交易者也就很容易识别出跳空所在。比如，某个交易日的波动区间是30—32美元，次日的开市价是35美元，这两个交易日之间就出现了明显的3美元的跳空。不过，并非所有的跳空都那么显而易见。比如，某个交易日的开市价是44美元，收市价是41美元，这时价格降幅为3美元。如果第二天开市价是43美元，该日价格范围似乎是在前一个交易日的价格范围内，但实际上，收市价41美元和次日开市价43美元之间有2美元的日间差。这种价格跳空虽然不是很明显，但可能非常重要，你需要仔细观察这些跳空，并加以分析。

现在你已经掌握了不少蜡烛图的基本知识，应该能有计划地进行市场实操了吧。那么，接下来就跟随作者开启探索蜡烛图新世界的旅程吧。在接下来的章节中，作者将继续介绍蜡烛图的基本知识，让交易者认识蜡烛图更多的特殊结构，帮助交易者增强对价格和拐点的分析能力。

自测题

1. 关于竹线图，下列说法正确的是（　　　　）。

　　a.过于粗略，内容空泛

　　b.包含开市价、最高价、最低价、收市价等信息

　　c.基于蜡烛图数据而生成的图表

　　d.公开持有看涨期权

2. 蜡烛图包含了以下（　　　　）信息。

　　a.当天交易价格区间

　　b.开市价和收市价

　　c.价格趋势

　　d.以上所有选项

3. 关于蜡烛图实体，下列说法正确的是（　　　　）。

　　a.显示了近期价格大幅波动的情况

　　b.显示了开市价和收市价的变动区间

　　c.显示了交易价格变动的范围

　　d.显示了某个交易时段的所有交易者情况

4. 关于蜡烛图实体不同颜色的含义，下列说法正确的是（　　　　）。

　　a.显示了实体上下影线所示的价格趋势

　　b.预示了下一个交易日的价格趋势

　　c.追踪交易量或影线价格趋势

　　d.以颜色表示价格趋势，比如在价格下行的交易日出现黑色实体

5. 关于十字线（Doji）形态，下列说法正确的是（　　　　）。

　　a.Doji在日语中原意为"失误"

　　b.表示某个交易日开市价和收市价相同或非常接近的蜡烛线

c.用水平线替代矩形的实体

d.以上所有选项

查询答案，请翻页至书末第210页。

第二章　小实体和长实体

根据蜡烛图的整体趋势和实体的长短，可以在很大程度上分析出蜡烛图形态。开始绘制蜡烛图时，你会意识到每个交易日都有一个"正常"的价格区间，即从开市价到收市价的价格区间。然而，与矩形显著不同的是小实体，甚至是十字线形态（开市价和收市价之间价格变动范围很小），则表示"异常"的价格区间变动。在本章中，我将分析小实体和十字线形态。

在几乎所有的股票蜡烛图上都会出现各种各样的小实体蜡烛线，有些可能有上、下影线，也可能没有影线。如图2.1所示，就显示了一系列典型的小实体蜡烛线形态。

纺锤线

第一种小实体叫作纺锤线形态。当市场陷入买方和卖方的"拉锯战"时，双方势均力敌，开市价和收市价几乎没有变

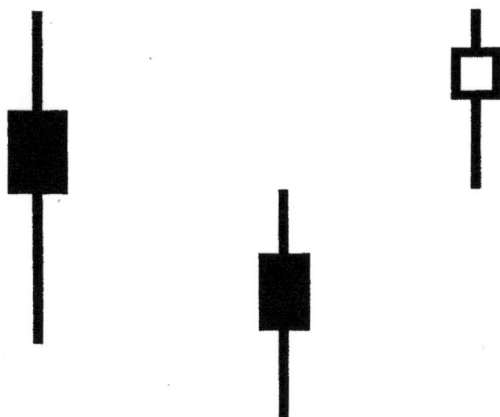

图 2.1　小实体——纺锤线形态

动，就会出现纺锤线形态，代表缺乏上涨或下跌的力量，处于一种平衡的状态。此时，买卖双方都无法大幅影响价格走势，至少在一个交易日内，价格变动后继乏力。

> 纺锤线形态是一种实体较小，开市价和收市价之间差别不大，上下影线长短大致相同的蜡烛线。

纺锤线是一种非常重要的蜡烛线形态。如图2.2所示，两个纺锤线形态清晰可见。

在竹线图中，这种情况下的价格走势看起来相当健康，纺锤线形态会变得不易被人察觉。你也许能在竹线图中注意到价格阻力，但是很可能会忽视两个交易日之间的狭窄价格区间。相比之下，蜡烛图则会清晰地显示这种情况，而且其中隐藏的问题也会一览无余。这就是蜡烛图洞彻股票市场的魅力所在。

价格上涨时，图中出现长的白色实体，代表阳线（白色表示价格上涨，实体表示价格变动的力量和动量趋势）。当价格趋势转向小实体时，表示一波急涨后多头后继乏力。事实上，即使价格继续上涨，空头可能也在积蓄力量，增强实力。纺锤线形态只在短时间出现，但十有八九预示着原有的趋势即将结

图 2.2　纺锤线 / 迅朗科技 / 日线图

束，这是潜在的价格反转的强烈信号。

> 长实体是价格剧烈波动的象征，大阳线代表价格强劲上涨，大阴线
> 代表价格大幅下跌。

　　这就是蜡烛图分析的乐趣所在。与所有价格反转信号一样，纺锤线形态预示着价格潜在的变化。虽然纺锤线的指引不能保证百试百灵，但注意到这些价格信号也能让交易者趋吉避凶。古人云，"一叶落而知天下秋"。纺锤线就像掉落的叶子，告诉你季节（市场未来走向）正在发生变化。

　　如图2.3所示，图中存在大阳线，交易者可以看出价格强劲上涨，但随即出现纺锤线，价格大幅下跌。纺锤线的出现，特别是在大阳线之后，往往标志着上涨趋势的结束。

图 2.3 纺锤线 / 美国 SOX 公司 / 日线图

　　如果仔细分析蜡烛图，你会发现在价格急涨的过程中，蜡烛线实体长度日益变短，这表示上涨势头在减弱。如图2.4所示，价格在一波上涨后，最终以两个双十字星形态结束，这是一种信号极其强烈的反转形态。

　　十字线形态经常以这种方式出现。如果等到次日再采取措施，你已经和价格最高点擦肩而过，此时为时已晚。图中双十字星之后价格暴跌就能说明这一点。看到价格反转信号，交易者应该立刻采取行动。

图 2.4 双十字星形态 / 道琼斯工业指数 / 30 分钟线图

十字线

十字线和市场的"胶着状态"有着紧密联系，买方和卖方都无法主导市场。日本人认为，紧跟在长蜡烛线之后出现的十字线标志着一个转折点，此时原本占据市场主导地位的一方已经疲软，另一方即将发力，并取而代之。

当蜡烛图出现十字线时，应该考虑属于超买（上行）还是超卖（下行）。如果价格急剧变化，十字线形态的出现就表示先前的主导力量已经变得疲软；但价格变动势头过于迅猛，就不能单凭一条十字线判断价格会出现反转。因此，需要观察到第二条十字线出现才能准确预测形势，伴随着更高的成交量，或者价格在十字线出现时遇到阻力（到达趋势顶部）或支撑

（到达趋势底部）。交易者可以通过这些信号进一步确认反转即将出现。

当我看到价格反转信号，但仍不能确定未来趋势时，我的反应就是降低持仓水平，而不是平仓所有头寸，因此我可能会卖出一半的多头头寸或关闭一半的空头头寸。在这种情况下，我也会使用保护性期权以抵消风险。利用这些策略，我能保住胜利果实，但如果随后的股价走势证明我操作的时机不对时，我就仍然有进一步盈利的空间。

十字线形态有几种不同形式，下文将着重讲解十字线的三种形态，如图2.5所示。第一种十字线只存在下影线，被称为"蜻蜓十字线"；其余两种十字线都是纺锤线的变体。

如果把蜻蜓十字线倒过来，就被称为"墓碑十字线"。十字线作为反转的具体形态和含义取决于其在当前趋势中出现的位置。

墓碑十字线是十字线的变体，只有上影线，没有下影线。

在图2.6所示的十字线形态中，交易者可以看到价格强劲上涨后紧接着出现了一条长上影线的纺锤线。长上影线表明了买方试图继续保持上涨势头，但最终没有成功，上涨的趋势也随之结束。在接下来的9个交易日，价格趋势维持横向波动，表明买方和卖方之间的胶着状态仍未结束。在横向波动后，价格最

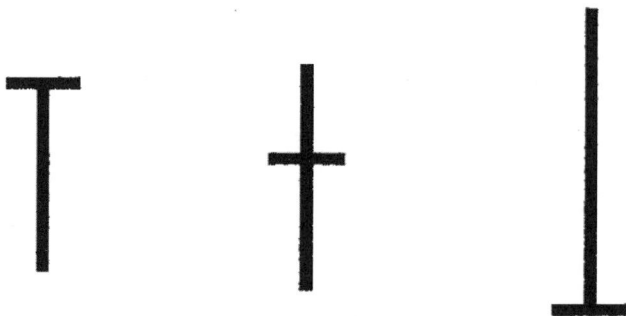

图 2.5　不同形态的十字线

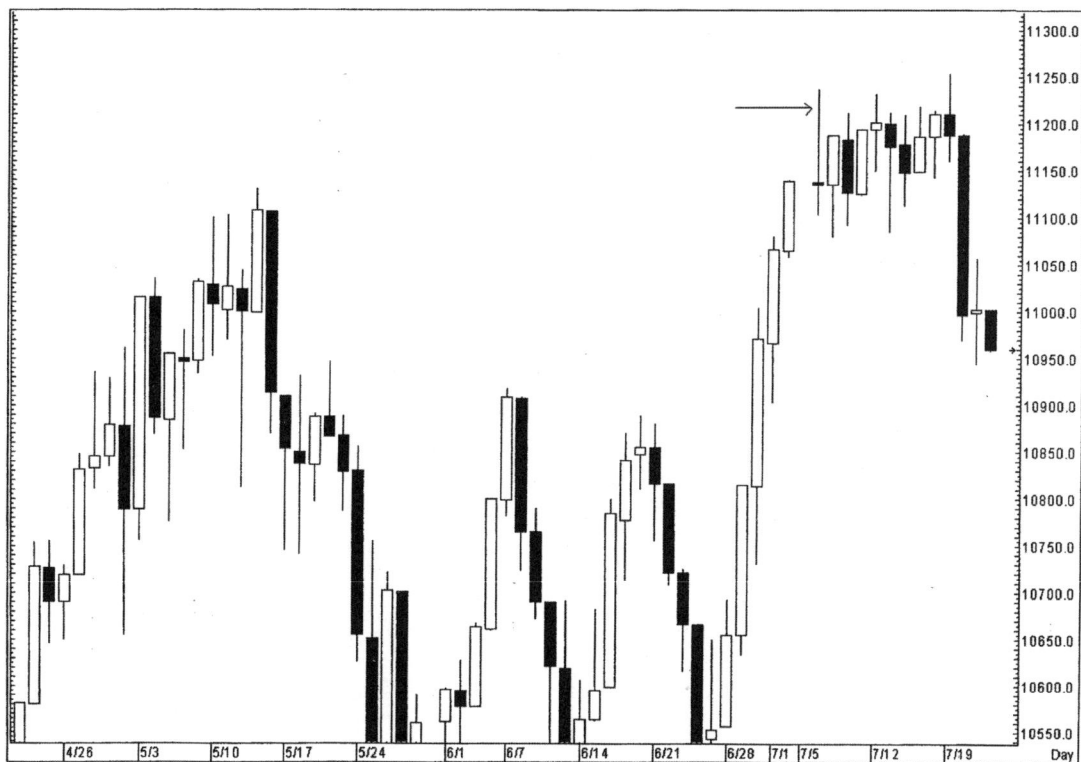

图 2.6　持续急涨后的十字线 / 道琼斯工业指数 / 日线图

终下跌，面对这种情况，该如何应对呢？

　　尽管卖方还需要几个交易日才能扭转趋势走向，我依然认为超长上影线的纺锤线是价格趋势即将结束、反转即将到来的强烈信号。如果将纺锤线视为反转真正来临的信号，仍需要谨慎分析，因为反转的出现会迟到，但是不会缺席。阳线的逐渐缩短和十字线的出现，都表明买方力量已经疲软。图2.7给出了另一个即时反转的例子。这表明当你在一条长长的大阳线后看到一条十字线时，价格即将出现反转。这种情况会以两种形式出现：一是大阳线和十字线的结合，二是十字线被包含于大阳线价格区间之内。这种模式被称为孕线。

　　要注意孕线的构成，通常是大阳线之后紧跟着一个高点较低或低点较高的十字线——一个更小的交易价格区间。

图 2.7　急涨后的十字线——十字孕线 / 纳斯达克 100 指数 / 5 分钟线图

孕线，顾名思义，孕育着希望，随时可能出现反转。孕线是双蜡烛
线形态，由一个长实体和一个小实体组成，并且小实体的高点较
低、低点较高。
十字孕线是孕线的一种形态，其中后一条蜡烛线不是一个小实体，
而是一条十字线。

支撑线和阻力线

　　当交易者看到十字线或孕线形态时，需要准确识别的特征
是价格阻力水平线（在大阳线之后）或支撑水平线（在大阴线
之后）。支撑或阻力水平线会随着时间推移而显现，然而如果
交易者意识到交易价格区间快要到达临界值，支撑线或阻力线

就会有助于交易者进一步预判价格的反转。阻力线或支撑线通常是在十字线上影线的顶部（标记为新的阻力线）或下影线底部（标记为新的支撑线）。如图2.8所示，大阳线后紧跟着十字线，此处就是一个阻力线的实例。

在本案例中，涉及了纺锤线和小实体。二者功能相同，出现在大阳线后的下一个交易日，均为反转的信号。上影线只是一种价格趋势指引，不能和阻力画等号。需要注意一点，十字线成了新的阻力（或支撑）。事实上，也并非需要第二条十字线或第二个小实体，才能确认阻力的出现，图2.9显示了其他情况。

图2.9展示了一个经典的技术结构，由小实体和十字线组成，交易者可以看到图中所示阻力测试持续时间很短，紧接着

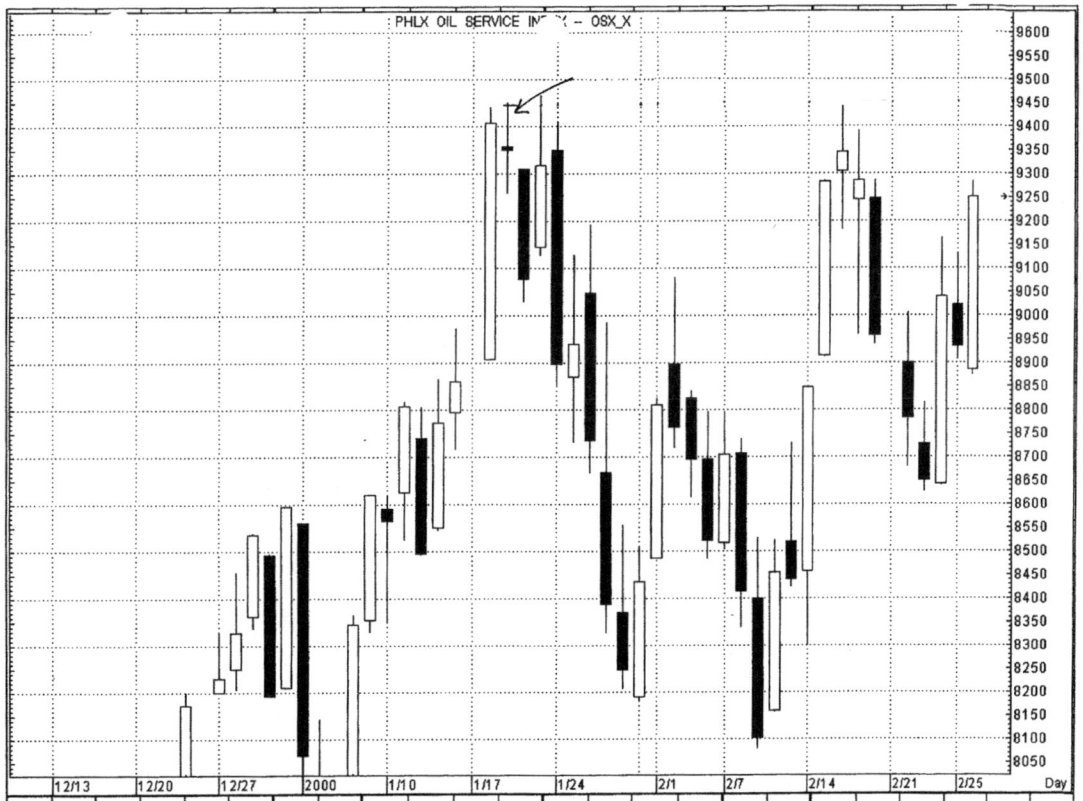

图 2.8　大阳线后的十字线——阻力线 / 美国费城石油服务公司 / 日线图

图 2.9　十字线作为阻力线 / 英特尔公司 / 日线图

的是价格下降。请记住，十字线上影线表明买方试图推高价格，但是未能成功（如出现超长的下影线，则表明卖方试图压低价格的行为同样失败）。

之前已建立的阻力线可能会被随后出现在顶部的十字线测试阻力，紧接着是价格的下行，如图2.10所示。换言之，不需要用十字线来构建阻力线，它可以是一个测试信号。

如图2.10所示，前期连续几个交易日的蜡烛线形态共同构成了阻力线。趋势开始向下后，价格再次测试这条阻力线，但最终失败。这项测试的特点是在连续3个上涨交易日之后出现十字线。

十字线在多种情况中都会出现，不仅仅预示当前趋势的结束。如图2.11所示，两条十字线均代表了价格上涨失败。第一

图 2.10 十字线确认阻力出现 / 日线图

图 2.11 十字线和走向 / 60 分钟线图

条十字线之后价格横向运动，直到出现第二条十字线，价格开始下跌。

虽然第二条十字线出现在大阳线之后，但由于价格变动区间太小，以至于不能称为趋势。然而，之后的价格下行却异常强烈，阳线和阴线之间的价格出现了大跳空。

十字线通常不是新的阻力线或支撑线出现的标志，而是新高或新低出现的标志，是价格立即反转的信号。如图2.12所示，十字线后价格下跌。在这种情况下，到将来价格区间稳定后才会出现新的阻力线，而且更可能形成突破或反转。

正如纺锤线或蜻蜓线预示着反转、阻力或新高，墓碑十字线也起着相同的信号作用。如图2.13所示，在急涨之后出现了墓碑十字线，而接下来的两个交易日，即便买方在努力推动价

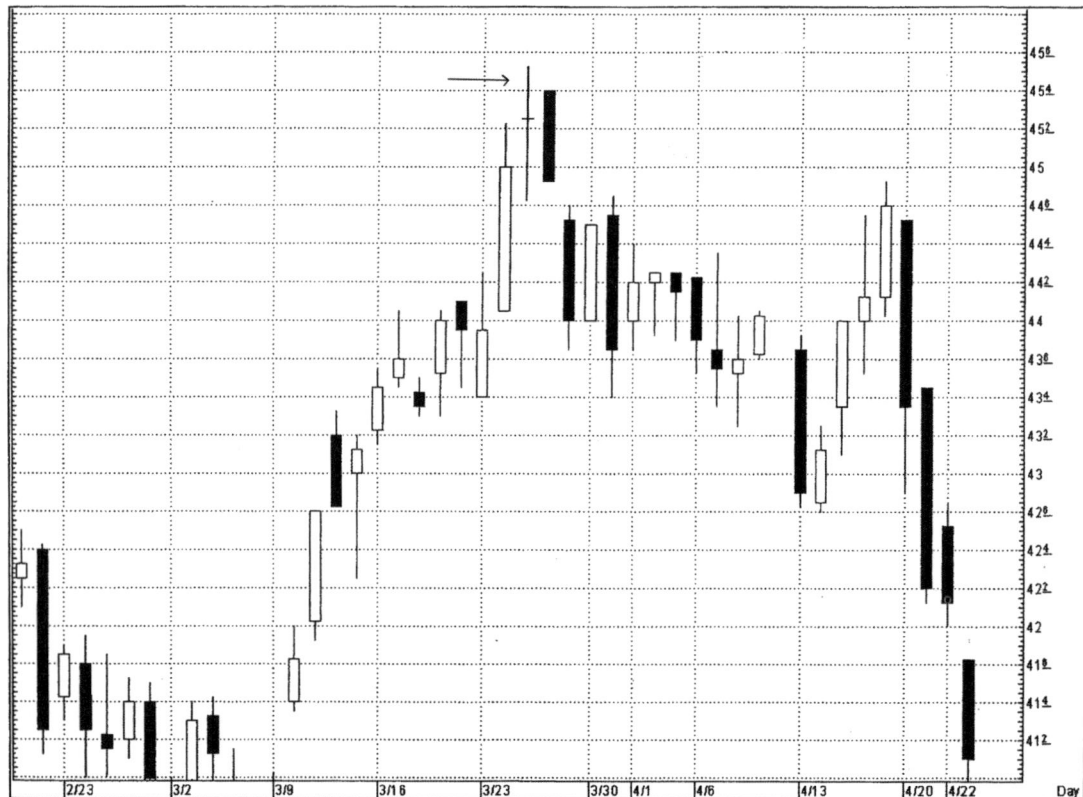

图2.12 十字线后高收市价 / 美国电话电报公司 / 日线图

图 2.13　墓碑十字线 / 美国互联网公司 Inktomi / 15 分钟线图

格上涨，却均以失败告终。墓碑十字线预示着价格反转，具有更强的指示性。事实上，阻力线似乎位于墓碑十字线之后的交易区顶部，这表明大阳线和墓碑十字线二者的价格突破均以失败告终。

大阳线作为支撑线（或大阴线作为阻力线）

交易者通常认为阳线看涨（阴线看跌），但这仅仅表明了当前趋势的相对强度。长实体也可以提供清晰的支撑线（大阳线）或阻力线（大阴线）。如图2.14所示，大阳线构建了一个低于原先支撑水平的支撑线。这扩大了交易价格的范围，同时也是看涨的信号。

随着时间推移，在连续上涨的过程中可以看出支撑线的水平也在逐渐提高。如图2.15所示，在大阳线之后，支撑线往往靠近大阳线中点的位置。这是一个不易被察觉的现象，但却重

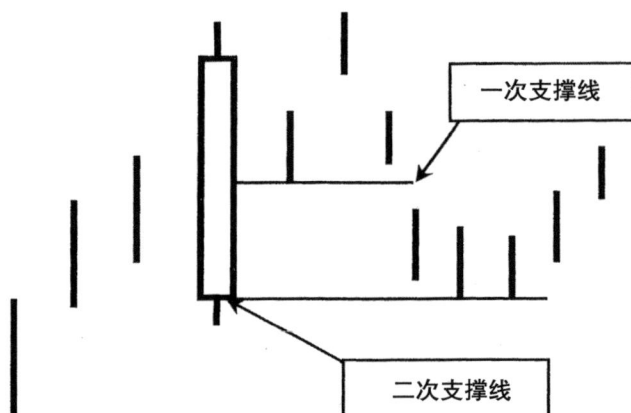

图 2.14　大阳线作为支撑线

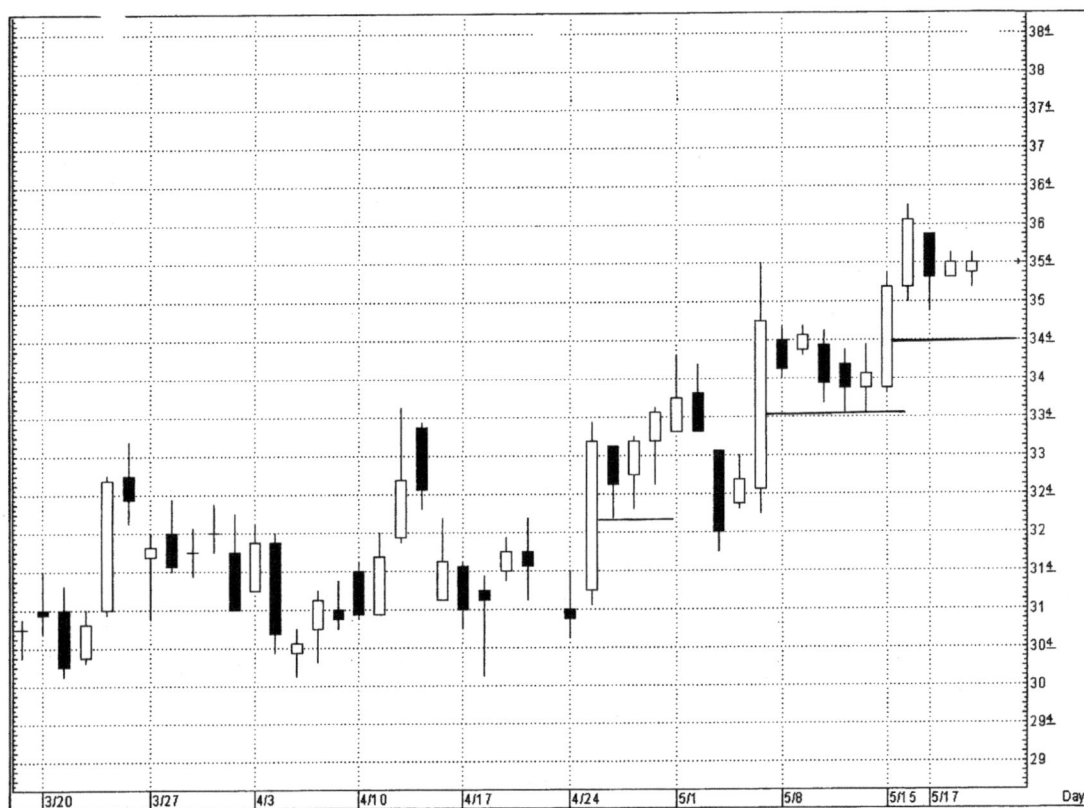

图 2.15　大阳线中间位置 / 日线图

复出现。

在持续的交易中，支撑线可能会在大阳线的中间位置，并被不断地重新建立。如图2.16所示，支撑线会在之后的交易日中逐日上升，只要继续保持向上的趋势，就会出现新的价格区间和支撑线。

同理，大阴线也预示了新的阻力线，阻力线也是在大阴线的中间位置。如图2.17所示，第一条阻力线出现在大阴线的中间位置，第二条阻力线很可能出现在当天阴线的顶部，也就是开市价。

如图2.18所示，多条阴线中间的位置构成了逐渐下降的阻力线。在上升趋势中，长实体的中间位置会形成支撑线，在下降趋势中形成阻力线，二者的道理是相通的。

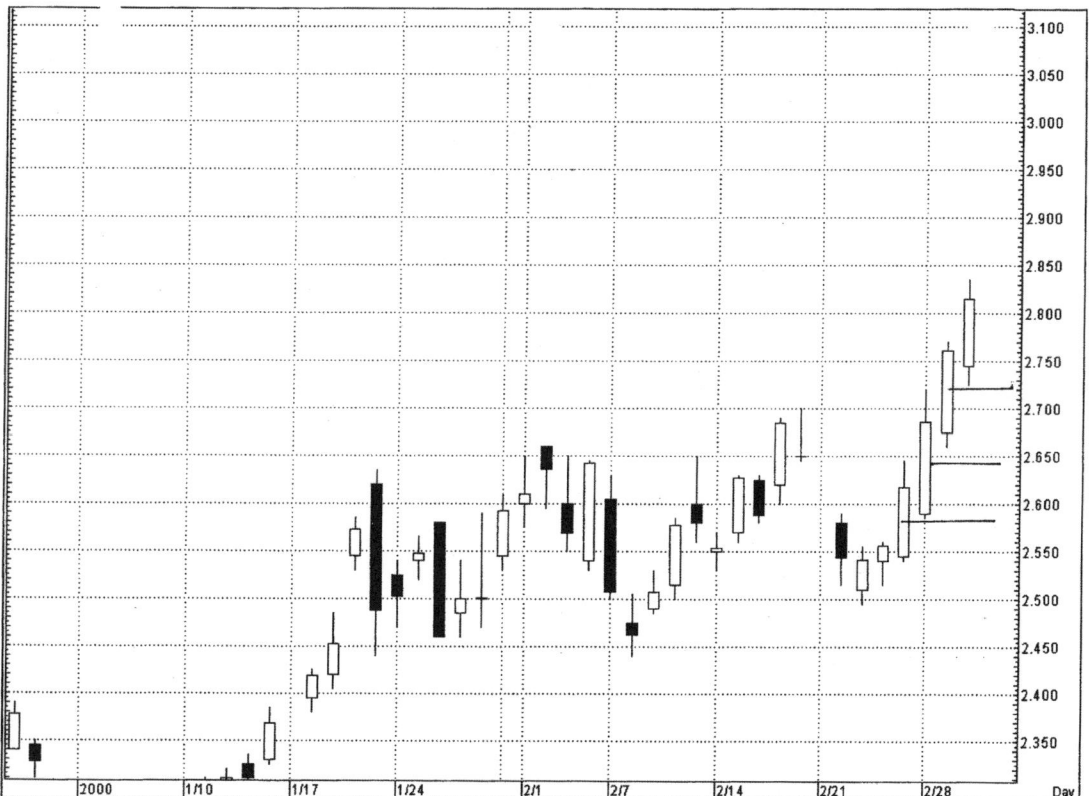

图 2.16　中型阳线 / 纽约商品交易所天然气价格 / 日线图

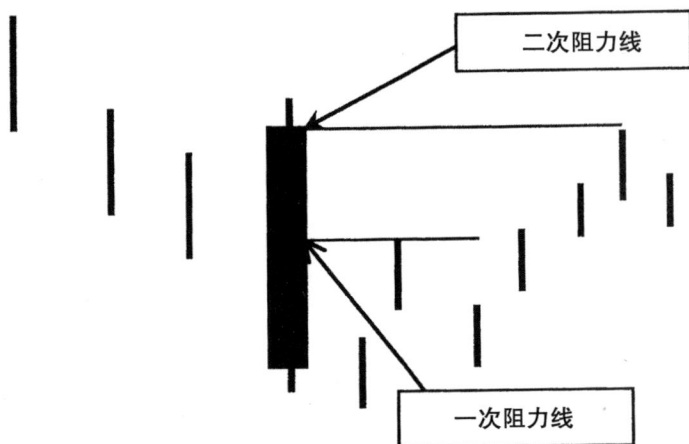

图 2.17 大阴线作为阻力线

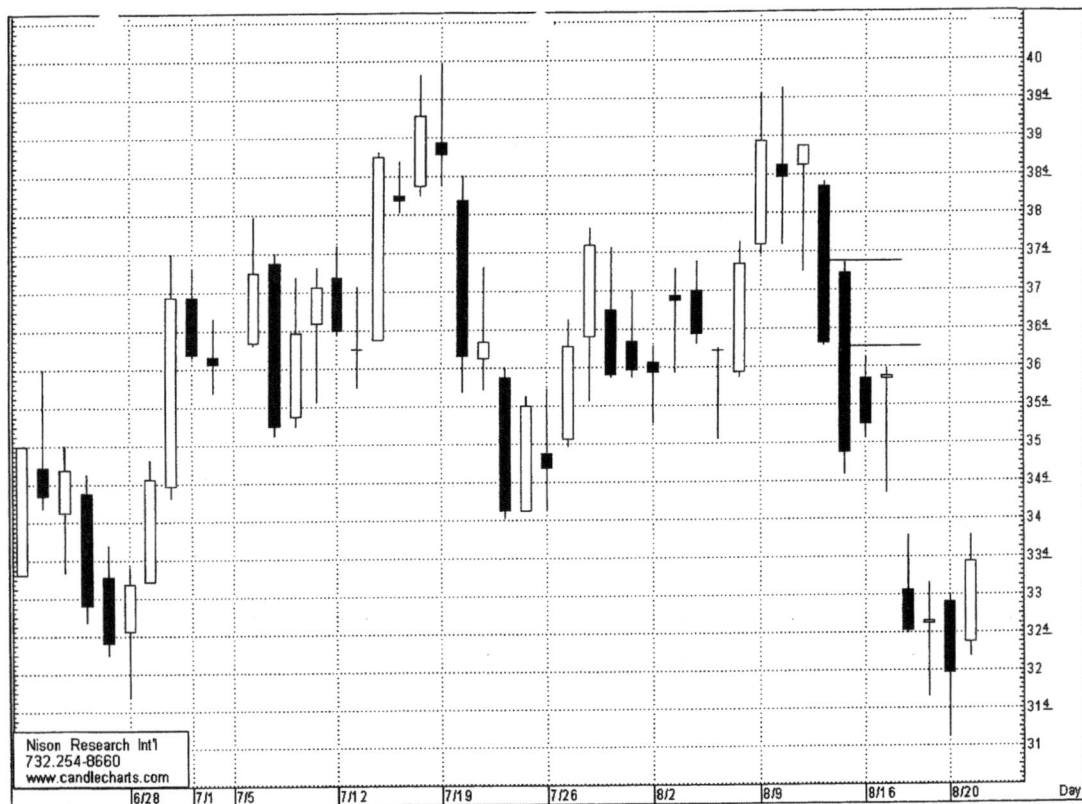

图 2.18 跳台阻力线/美国芯片制造商应用材料公司/日线图

认识到这些模式——无论是交易区间异常狭窄的十字线，还是交易区间异常宽广的长实体——都有助于你评估风险水平，并确定买入和卖出的时机。

自测题

1. 小实体指的是（　　　）。

    a.在低成交量的交易日，市场上活跃的交易者数量低于平均水平

    b.表示市值较小的股票，也指有形资产

    c.开市价和收市价差距不大的蜡烛线

    d.价格变化特别窄的股票价格区间

2. 纺锤线是（　　　）的蜡烛线。

    a.开市价和收市价差距很小，没有影线

    b.开市价和收市价差距很小，上下影线大小差不多

    c.开市价和收市价差距很小，一侧有长影线

    d.上述所有特征

3. 蜡烛图长实体表示（　　　）。

    a.价格异常波动性和走向不确定性

    b.当前趋势动能正在减弱

    c.指示方向的强大动量（大阳线表示上行，大阴线表示下行）

    d.突破即将出现在阻力线上方或支撑线下方

4. 关于十字线，下列说法正确的是（　　　）。

    a.表示买卖双方处于"胶着状态"

    b.如果在上升趋势之前，表示买方占据上风

    c.如果在下跌趋势之前，表示卖方占据上风

    d.指向性不强的指标，也不能预示即将发生反转

5. 关于蜻蜓十字线和墓碑十字线，下列说法正确的是（　　　）。

    a.是同一蜡烛线形态的不同名称，其位置不同，名称也不同

    b.是相对的两种蜡烛线形态：蜻蜓十字线顶部有一条影线，墓碑
      十字线底部有一条影线

c.两者都包含上下影线，但长度不同，蜻蜓十字线下影线较长，

墓碑十字线上影线较长

d.不能视为反转信号

查询答案，请翻页至书末第210页。

第三章　影线分析

蜡烛图影线分布在实体的上方或下方。市场分析者非常注重实体所包含的信息，因为实体代表了开市价和收市价之间的价格差。但不可否认的是，影线也提供了很有价值的信息，尤其是预示反转信号。

可以将影线视为高于或低于实体的价格区间，换言之，是价格变动的失败尝试。所以当交易者看到超长的上影线或下影线时，就意味着买方（上影线）或卖方（下影线）都试图将价格从中间水平拉出来，但都以失败告终。如果影线特别长，或在一系列交易日中频繁出现，就表示隐藏着特别有价值的信息，不容忽视。图3.1列举了一些看涨或看跌的影线。

价格趋势和趋势反转

一系列影线的出现隐藏着一些重要信息。例如，当看到上升趋势中有三条及以上的蜡烛线都有上影线时，通常预示着趋势反转即将来临。如图3.2所示，连续多个交易日出现上影线，这说明买方力量后继乏力，向上的势头正在减弱，且随后价格

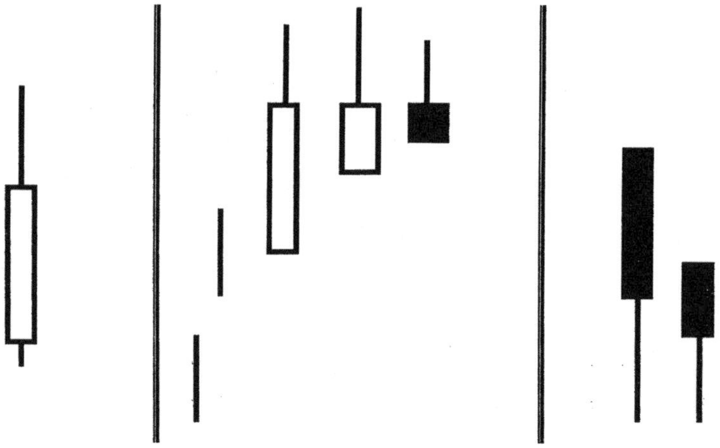

图 3.1　看涨或看跌的影线

图 3.2　产生新的高价位后出现反转 / 美国鹏斯润滑油公司 / 日线图

上升的趋势都发生了反转。

　　如果时断时续出现超长的上影线，会是什么样的情况呢？请记住，"理想形态"的出现并不会和教科书上讲的一模一样。如图3.3所示，在非连续时段出现长影线，或者下行的交易日出现上影线，交易者都可能会观察到动量在减弱。

　　在连续的多个交易日内，如果价格趋势持续的时间不长，就是一个强烈的信号。如图3.4所示，我称为"艰难看涨"形态。尽管买方在每个交易日都努力将价格推高，并如愿以偿，但后续价格上涨乏力。这是一个非常强烈的反转信号。请记住，当价格趋势后继乏力时，自然而然就会向反方向运动。上影线就能很好地证明这一点。

图3.3　超长的上影线 / EXDS 公司 2000 年 3—5 月日线图 /

图 3.4　艰难看涨的市场形势／美国吉列公司／日线图

　　如图3.5所示的另一种情况。此时，重复出现的上影线预示着价格趋势不太可能维持在高位运行。

　　类似的情况也会出现在下降趋势的底部。抓住最佳时机的难点在于如何明确价格趋势何时结束。无论是上影线还是下影线，都能帮助交易者洞彻买卖双方的行为。正如图3.6所示，价格趋势下行乏力，卖方尝试进一步压低价格，但以失败告终，而实际结果和预测的一样，价格趋势出现了反转。

　　图表使用者总是想从蜡烛图中找出理想而清晰的信号。虽然这种情况很少见，但有时确实会出现。反转通常表现为价格趋势的变化，从持续下跌的交易日（阴线）转变为持续上涨的交易日（阳线）。但交易者怎么才能恰到好处地把握时机？交易者可以看到的是一个非常强烈的趋势在蜡烛线的颜色变化和一系列影线中结束，且两种信号之间能相互印证。图3.7所示

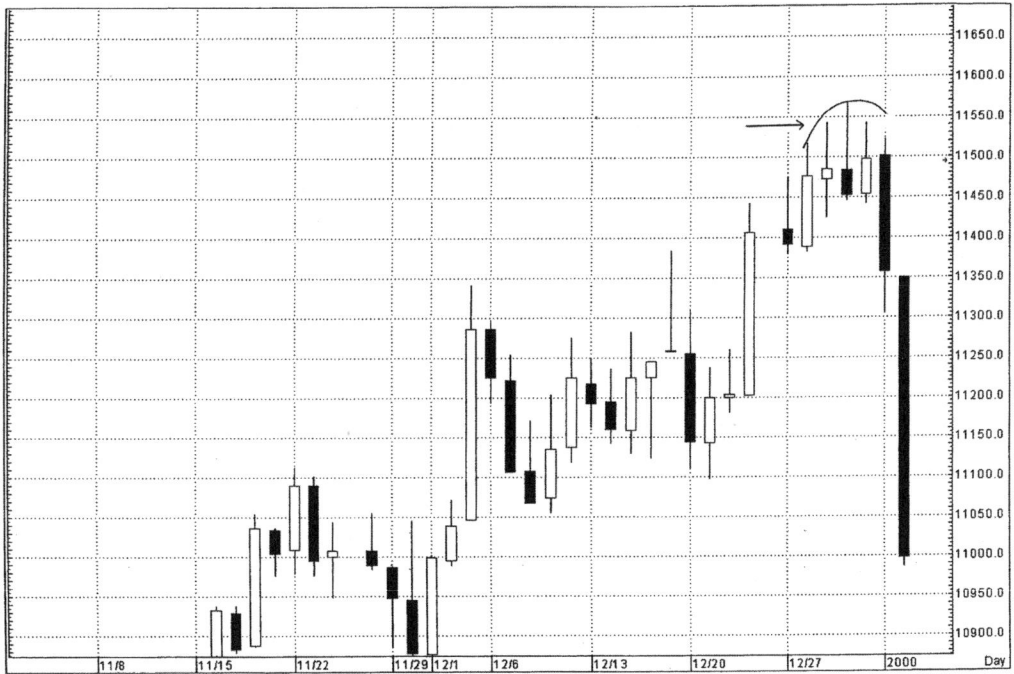

图 3.5　超长的上影线 / 道琼斯工业指数 / 日线图

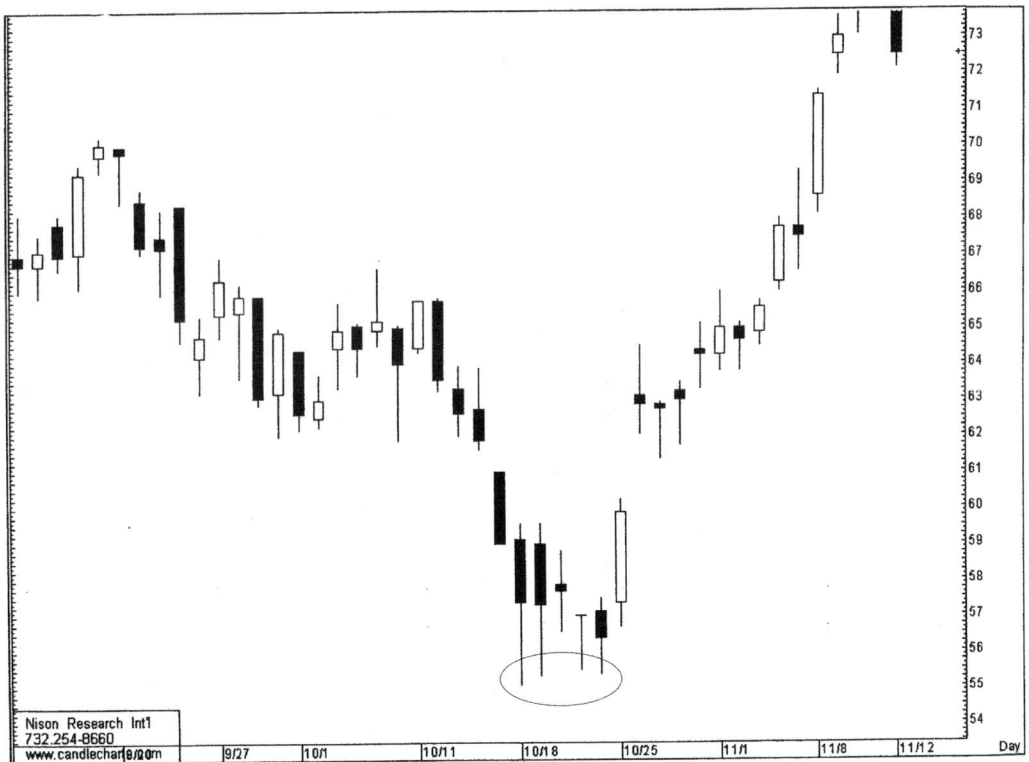

图 3.6　下行乏力 / 美国陆金所 / 日线图

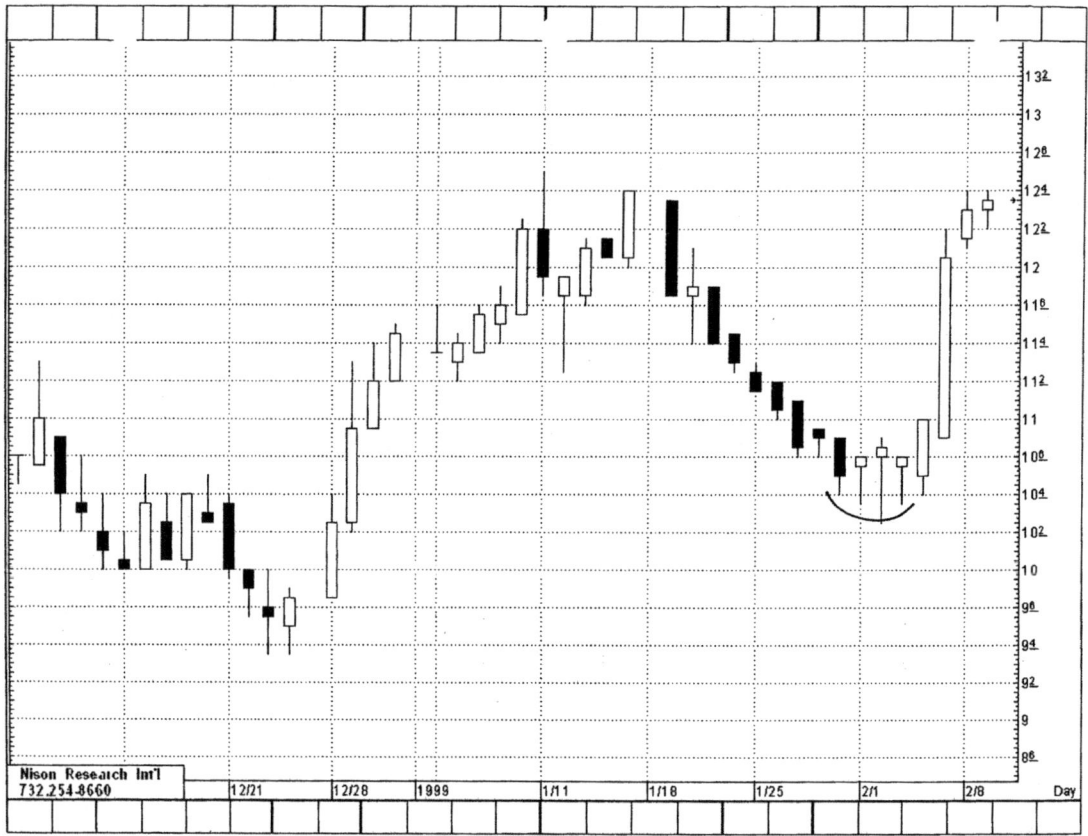

图 3.7　影线——预示着反转 / 朗维尤纤维公司 / 日线图

案例非常典型，强烈的下行趋势伴随着超长的下影线迎来了价格趋势的反转。此时，交易者该根据价格趋势的反转准备出手了。

单蜡烛线形态

锤子线

最典型的单蜡烛线形态是锤子线，即一个蜡烛实体只有一条超长的下影线，无上影线。理论上，影线应该是实体长度的2—3倍。例如，如果实体跨度为2个点，典型锤子线的下影线长度就应该是4—6个点。

锤子线是单蜡烛线形态，影线是实体长度的2—3倍，通常出现在下降趋势的底部，预示着反转即将到来。

锤子线实体的颜色并不重要。如图3.8所示，当锤子线出现在当前价格趋势的底部时，就意味着反转即将到来。

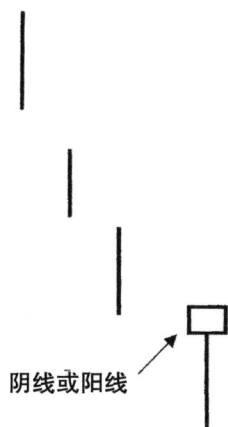

阴线或阳线

图 3.8　锤子线

当其他信号指示性不明时，锤子线的价值不容忽视。当价格下行触底时，走向或许不是很明朗，甚至还会出现一系列相互矛盾的信号。但如果锤子线出现在急剧大跌之后，就有极大可能快要出现反转了。

如图3.9所示，虽然价格趋势在持续下行，但每日的蜡烛线实体却是涨跌互现。在趋势底部出现单一的上升蜡烛线不足以说明反转即将到来，但下一个交易日出现的锤子线就能明确说明上涨即将到来。

如图3.10所示，价格趋势的结束令人难以预测，但有一个信号更强烈的锤子线便可以让这个难题迎刃而解。

无论是锤子线还是双锤子线，二者都是指示性很强的信号。如图3.11所示，第一条锤子线出现时，也许交易者还犹豫不定，但第二条锤子线的出现就会让交易者感到十拿九稳。有

图 3.9　锤子线是反转的信号 / NSOL 公司 / 60 分钟线图

图 3.10　锤子线是反转的信号 / 美国沃尔玛特公司 / 日线图

图 3.11 双锤子线 / 美国在线公司 / 30 分钟线图

趣的是，双锤子线出现后，价格在巨大的上行跳空前会横向移动。这是一种预警模式。即使有双锤子线这种强有力的指标出现，市场的反应有时也不是很及时。

锤子线不仅能预示反转，还对其他指标有确认作用。如图3.12所示，此处的锤子线更加微妙，同时确认了现有的支撑线。

锤子线也会出现在更复杂的情况中。如图3.13所示，空头和多头争夺控制权，持续了数个交易日。经过长时间的下跌后，锤子线出现在每股208—209美元的价格附近。超长的阴线表示强大的下行压力，但锤子线的含义与此恰恰相反。第二条长阴线交易日出现在3天之后，但多头阻止了进一步的下跌。即使此时形势险象环生，但这也进一步证实了"锤子线预示着反

图 3.12　锤子线作为支撑线 / 纳斯达克综合指数 / 5 分钟线图

图 3.13　锤子线作为支撑线 / 国际商业机器公司 / 5 分钟线图

转"这一观点。尽管空方试图掌控局面，却在尝试了三次之后依然无能为力，最终市场由熊转牛。尽管整个价格走势令人感到扑朔迷离，但锤子线早已泄露天机——在不久之后会出现反转。下影线早已表示空头失去了主动权，即使这一点是在随后的几个交易日中才被证明的。

锤子线出现在下降趋势的底部，预示着会出现强劲的反弹，甚至是更为强烈的反转。当同样的蜡烛线出现在上升趋势的顶部时，又意味着什么？请看下文解析。

上吊线

上吊线实体可能是阴线，也可能是阳线，具有下影线（且是实体长度的2—3倍）。

> 上吊线是单蜡烛线形态，下影线是实体长度的2—3倍，出现在上升趋势的顶部，预示着反转即将到来。

图3.14显示了锤子线和上吊线的区别。

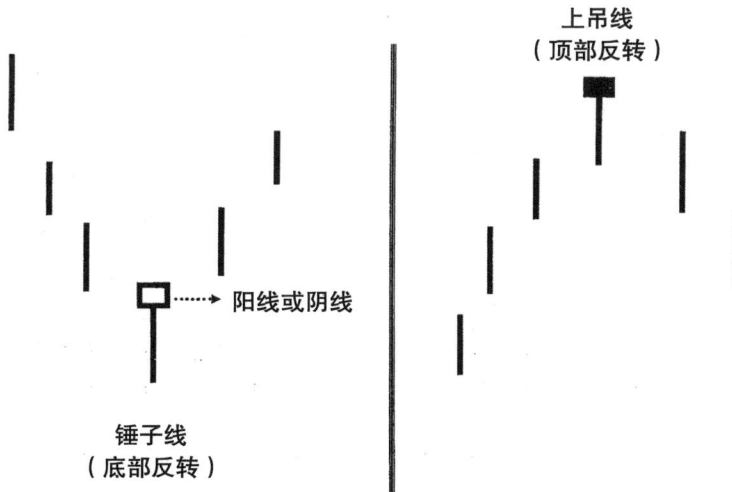

图 3.14　锤子线 / 上吊线

如图3.15所示，交易者很有可能在同一张图中观察到，出现在短期趋势线顶部的上吊线和底部的锤子线。

如图3.15所示，上吊线处在上升趋势的顶部，预示着反转即将到来；锤子线出现在下降趋势的底部，同样是价格趋势反转的信号。如果你是一个波段交易者，这些信号则十分重要，是交易者能极大改善交易时机的工具。虽然上吊线不能百分之百确保发生反转，但的确能提高预测反转的准确性。如图3.16所示，在一段时间内，价格趋势急剧上涨，还出现了4个连续上升的跳空。交易者可能认为随着单个小实体的出现会出现趋势的反转，但实际上价格趋势仍然是个未知数。在下一个交易日，上吊线出现，则是一个非常明显的信号，表明是时候退出

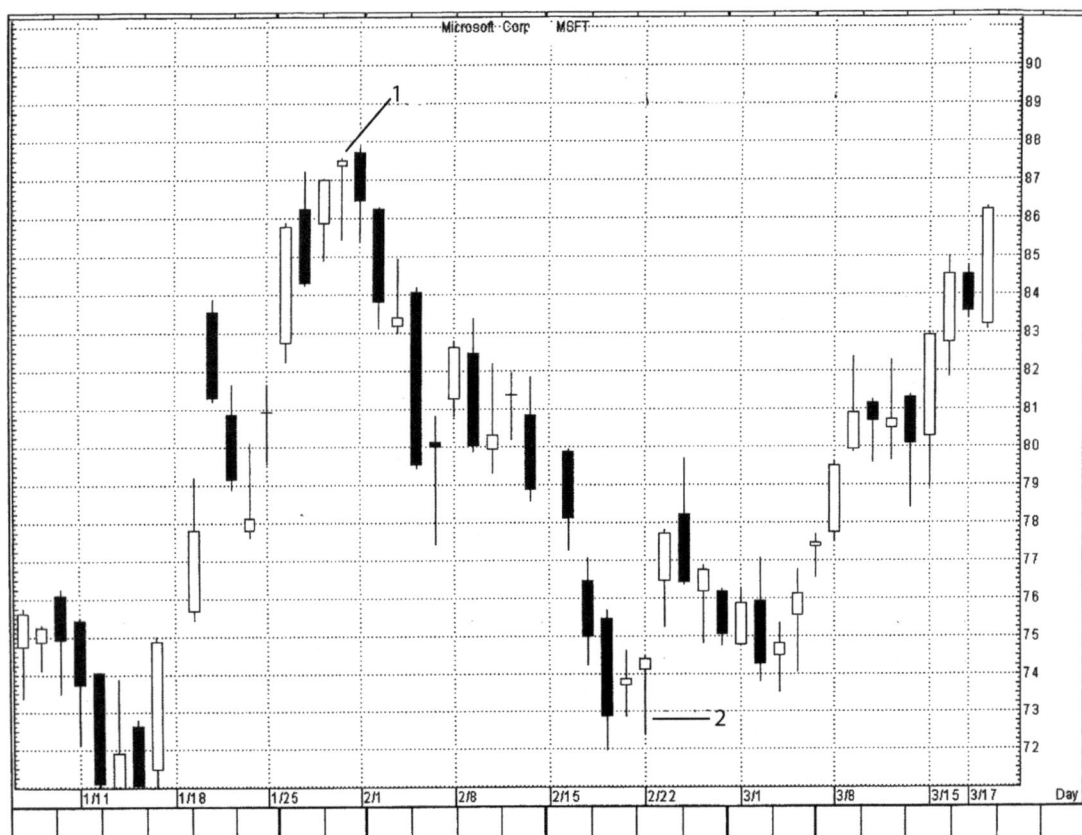

图 3.15　上吊线和锤子线 / 微软公司 / 日线图

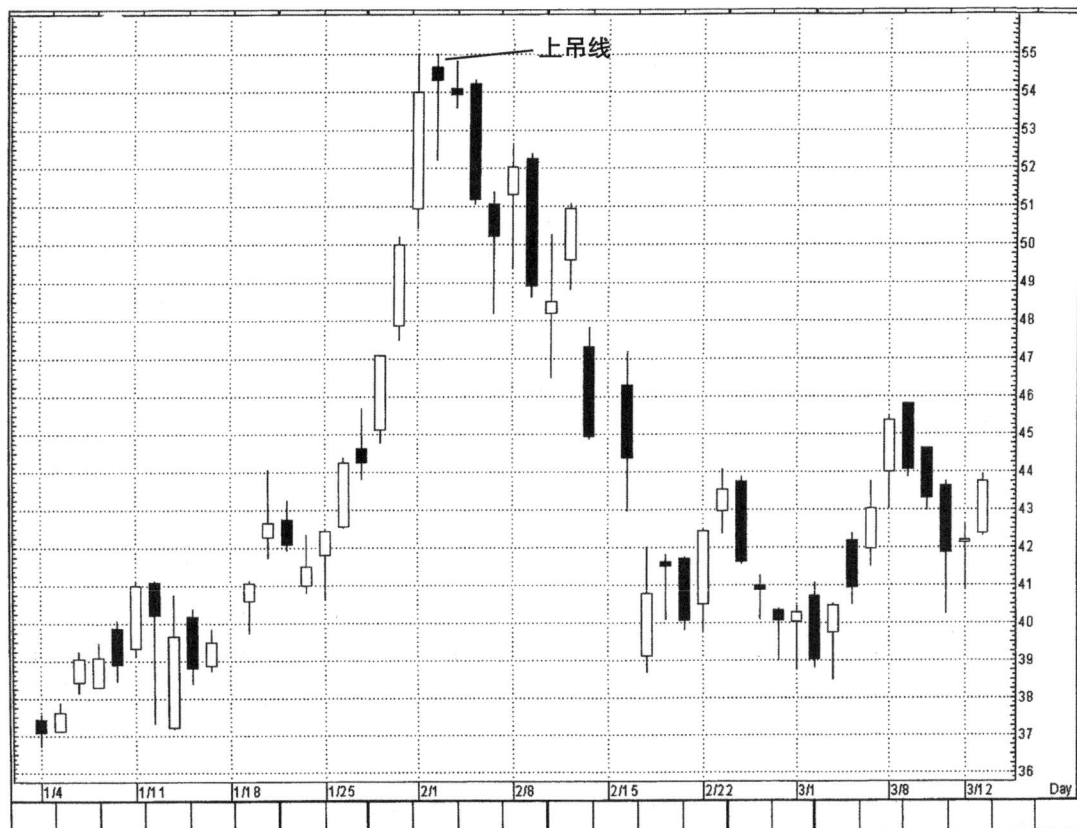

图 3.16　上吊线预示反转 / 戴尔公司 / 日线图

多头（或进入空头）了，趋势即将反转下行。

　　如同其他蜡烛线形态，上吊线和锤子线都是提高预测准确性的指标，而不是作为买入或卖出的唯一指令，二者都可以用来确认预测的趋势。上吊线作为指示信号，其令人捉摸不透之处在于：上吊线是一种看涨的形态，因为它的下影线表明卖方的努力失败，这就意味着价格正如锤子线的出现而看涨一样。但实际上上吊线恰恰相反，出现在上涨趋势的顶部预示着后市的下跌。在实际交易中，交易者应该等待日线图中收市价（上吊线后的第一根线）低于上吊线实体价位后，再开始采取行动。

　　确认上吊线的反转信号有一条重要的原则：上吊线是看涨

的形态，当收市价低于上吊线实体价位时，才能确认价格趋势的反转下行。

这条原则需要铭记于心。交易者可能会看到一个或多个上吊线形态，但此时这是"迷惑"信号。如果上吊线每次都只出现在上升趋势的顶部，则很容易预测趋势走向，但实际情况往往并非如此。如图3.17所示，该案例中的上吊线便是"迷惑"信号。

在上升趋势中，4个交易日中有3个交易日的蜡烛线看起来好像都是上吊线，但价格依然持续上行。实际上，这些蜡烛线的收市价都没有低于上一个交易日蜡烛线的实体，所以这些"上吊线"并不可靠。

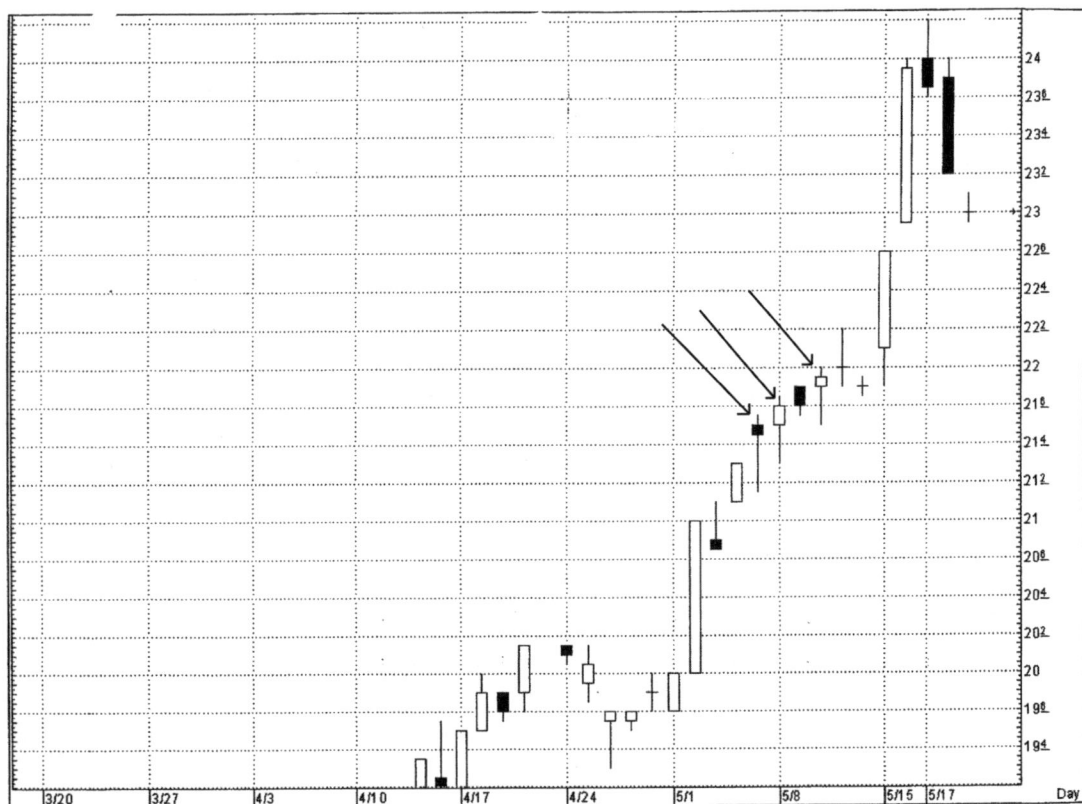

图 3.17　非反转信号的上吊线 / 加百利资产基金公司 / 日线图

自测题

1. 关于蜡烛图影线，下列说法正确的是（   ）。

    a.显示价格变动，反映了前一个交易日的价格方向

    b.显示交易日开市价和收市价之间的价格差

    c.价格在交易日高点以上和低点以下的浮动区域

    d.实际交易区间的延伸，反映成交量水平的趋势

2. 连续交易日中的影线表明（   ）。

    a.当是下影线时，下跌趋势结束

    b.当是上影线时，上涨趋势结束

    c.当前趋势走向即将结束

    d.以上所有选项

3. 关于锤子线，下列说法正确的是（   ）。

    a.下影线是实体长度的2—3倍，预示着下跌趋势的结束

    b.上影线与实体长度相等，预示上升趋势的结束

    c.由小实体和上、下影线组成的形态

    d.预示着当前走向继续延伸的可能性大于反转的可能性

4. 关于上吊线，下列说法正确的是（   ）。

    a.锤子线的别称，每次出现时具有相同的含义

    b.下影线是实体长度的2—3倍，标志着上升趋势可能结束

    c.出现在下降趋势底部，并预示即将到来的反转，是单蜡烛线
      形态

    d.描述交易者太晚进场和太早离场的趋势

5. 锤子线和上吊线的实体是（   ）。

    a.永远是阳线

    b.永远是阴线

c.取决于它们在当前趋势中的位置

d.可以是阴线，也可以是阳线

查询答案，请翻页至书末第210页。

第四章　流星线和风高浪大线

流星线

影线在蜡烛图分析中占据着举足轻重的位置，除了锤子线和上吊线，其他形态也非常重要。本章主要讲的流星线也是重要的蜡烛线形态，由超长的上影线和相对较小的实体构成，与上一章中的锤子线和上吊线的下影线位置相反。

超长的上影线通常是一个消极的信号。买方试图推高价格，但以失败告终。这通常意味着反转和价格趋势下行。和锤子线和上吊线一样，流星线的实体颜色并不重要，可以是阴线，也可以是阳线。流星线实体很小，实体长度最多是上影线的一半。重要的是，流星线通常紧跟在上个交易日价格跳空之后，形成反转的空头趋势。

> 流星线是单蜡烛线形态，上影线长度至少是实体的2倍，出现在前一天交易价格区间上方的跳空缺口处。这标志着当前上升趋势结束，即将出现下跌。

图4.1显示了流星线的必要条件——上影线，实体相对较小，与前一个交易日之间出现价格跳空缺口。

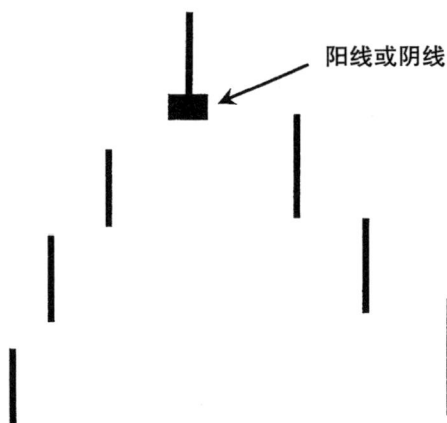

阳线或阴线

图 4.1　流星线——顶部反转

可以在图中看出，流星线的影线位置（上影线）和锤子线、上吊线的影线位置（下影线）完全相反，但是实体颜色并不重要，可以是阴线，也可以是阳线。在一张图表中，流星线位于上升趋势的顶部，而处于下跌趋势底部的锤子线可以将其砸得粉碎，如图4.2所示。

上吊线、锤子线和流星线的指示性都很强。对所有具有超长影线的蜡烛线形态进行综合分析，能帮助交易者建立反转的信号和确认体系。图4.3中的流星线预示了一次强烈的价格趋势反转。请注意观察，流星线出现在一条大阳线（表示价格看涨）之后，紧接着是一条大阴线（表示价格看跌）。大阴线证实了"流星线预示价格下跌"的这一基本原则。此处，流星线和上一个交易日之间没有价格跳空，所以这个例子并不能充分说明流星线的特点。

如图4.4所示，这是一种更可靠的流星线形态，每个交易日

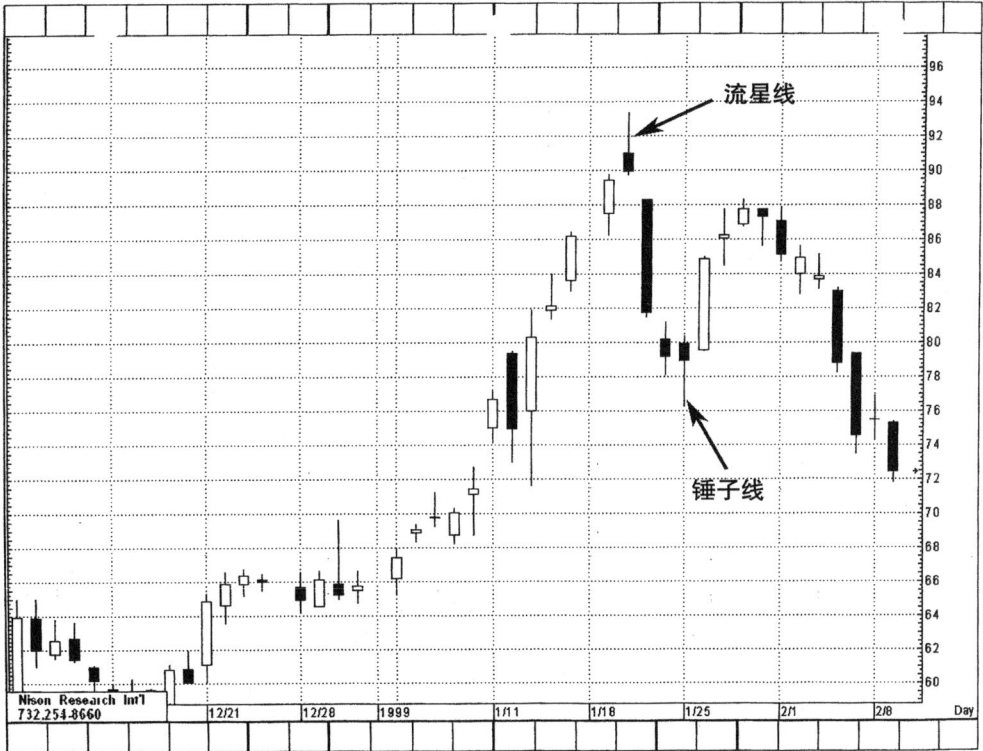

图 4.2　流星线 / 通信公司 / 日线图

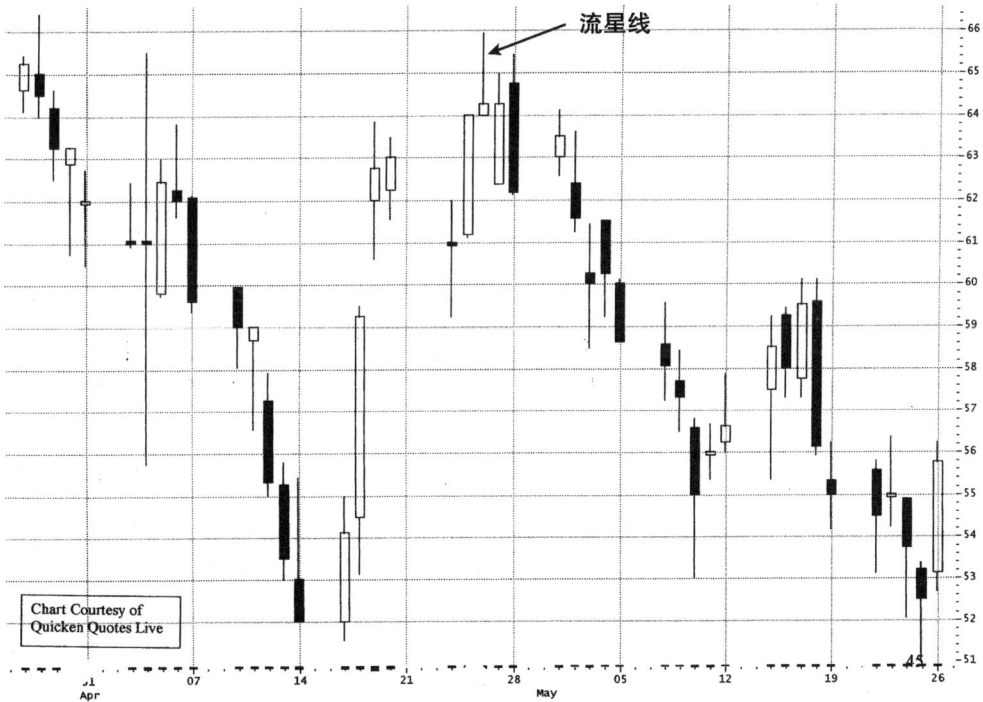

图 4.3　流星线预示着下行反转 / 陆金所 4—5 月日线图

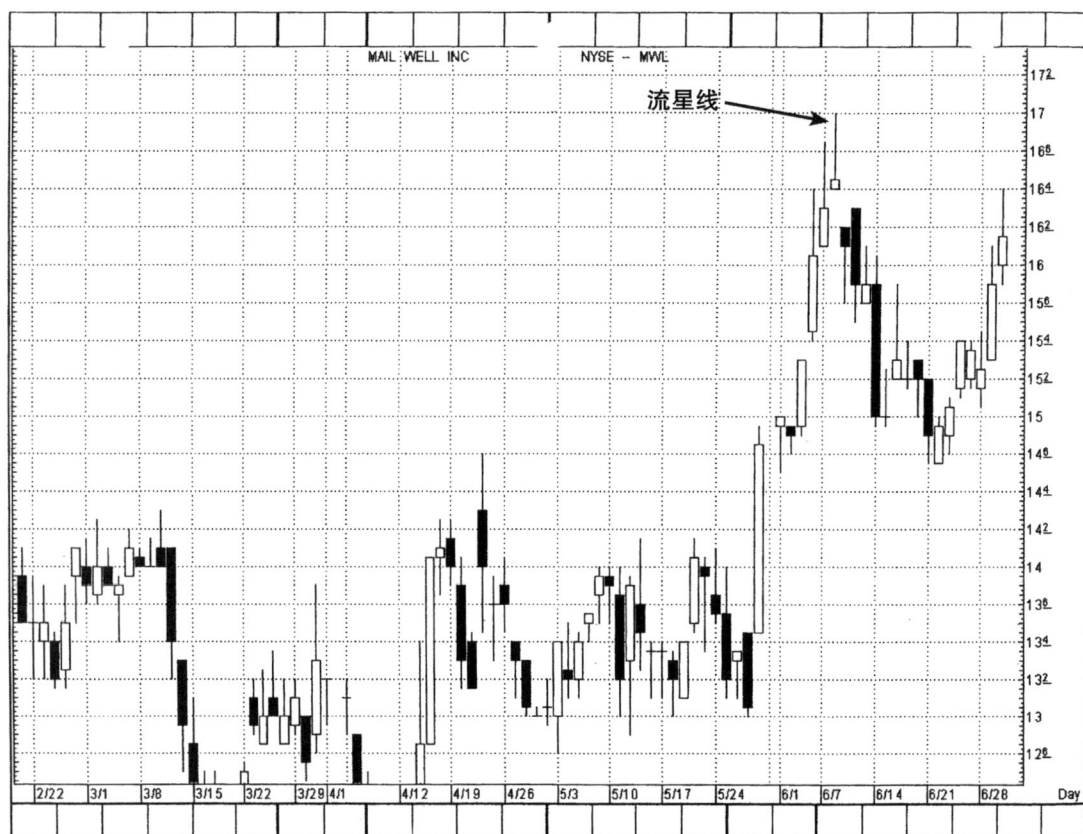

图 4.4　4 个上行交易日之后的流星线 / 纽约证券交易所 / 日线图

之间都出现了价格跳空缺口。这预示着当前强烈的上升趋势并不能长久持续。所以当在上升趋势顶部出现流星线时，这是一个非常强烈的反转信号，预示着价格趋势即将改变。

图中所示的价格跳空缺口对于预测趋势走向至关重要。我的看法是，流星线和前一个交易日之间价格跳空缺口越大，反转来临的可能性就越大。在图4.5中出现了很大的价格跳空缺口，流星线之后的价格就出现了非常强烈的下降趋势。

你还记得上吊线的确认原则吗？在上吊线形态中，当下一个交易日的收市价低于上吊线实体价位时，才能确认价格趋势反转下行。以此类推，如图4.6所示，在流星线形态中，只有当日收市价更低时，才能确认上升趋势可能发生反转。

图 4.5　流星线和巨大的价格跳空 / 纳斯达克综合指数 / 60 分钟线图

图 4.6　流星线确认原则 / 哈曼公司 / 日线图

图4.6中一系列的流星线表示了多头努力推动价格上涨的尝试，但都以失败告终。每当流星线出现时，价格都会退回到实体价格区间之内。这种模式反复出现，表明买方后继乏力，但只有在下跌的交易日才会出现真正的价格反转。

另一个影响价格行为的因素是心理价格区间。当流星线出现在心理价格区域附近时，比如在价格水平可以被10整除时，出现反转的可行性就会更大，交易者也总是会觉得在这些价格水平附近会出现反转。如图4.7所示，尽管流星线与上一个交易日之间没有出现价格跳空，但价格超过了100美元，就出现了价格反转。如果流星线的价格没有超过100美元，我就会考虑流星线是否预示着反转，毕竟100美元是很重要的心理价位。

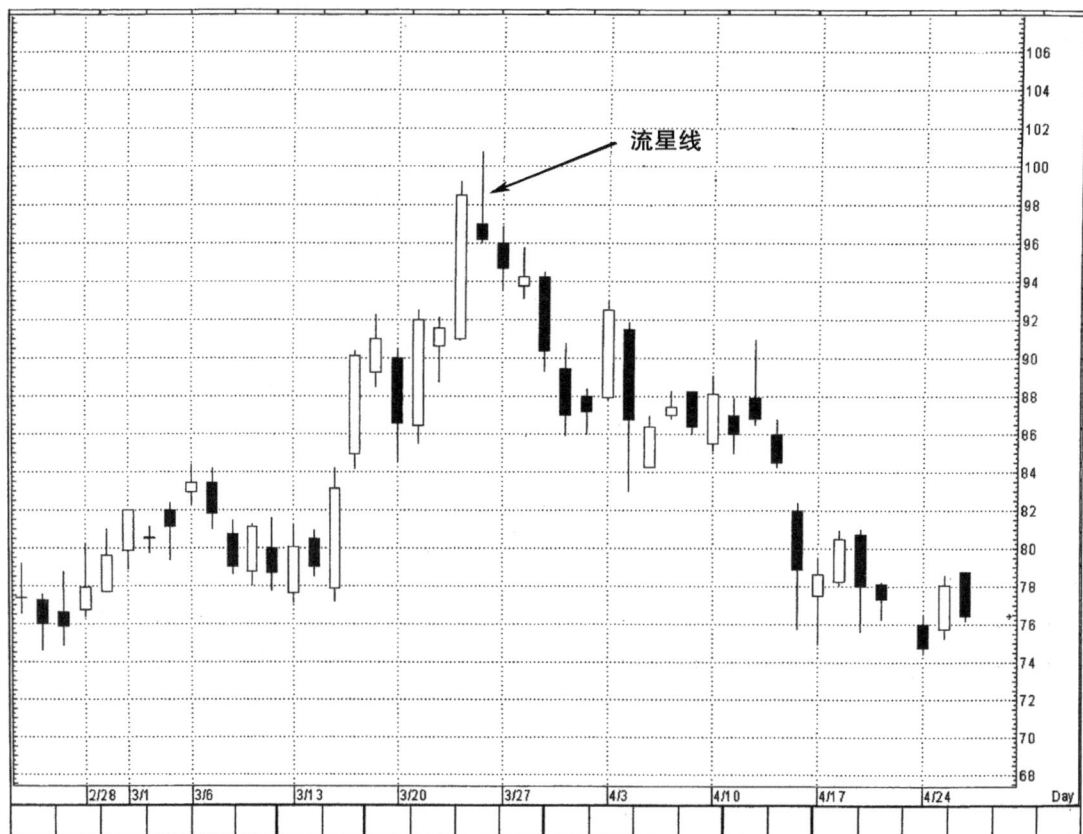

图 4.7　处于心理价位区的流星线／美国大通银行／日线图

风高浪大线

风高浪大线是另一种具有影线的蜡烛线形态，也预示着价格趋势的反转。风高浪大线形态一般具有较长的上下影线，实体相对较小，如图4.8所示。作为纺锤线的变体，风高浪大线形态表示价格动量减弱，市场"失去了方向感"，买卖双方都试图占据主导地位，但价格最终回归到实体价格区间。

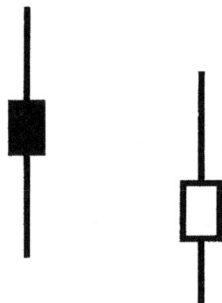

图 4.8 风高浪大线

> 风高浪大线由小实体和上下影线组成，表明市场已经"失去了方向感"，买卖双方势头均已放缓，都无法主导价格趋势。

图4.9展示了一个有趣的蜡烛线模式。几条风高浪大线早早出现，之后市场急剧下跌。这个信号很微妙，因为风高浪大线

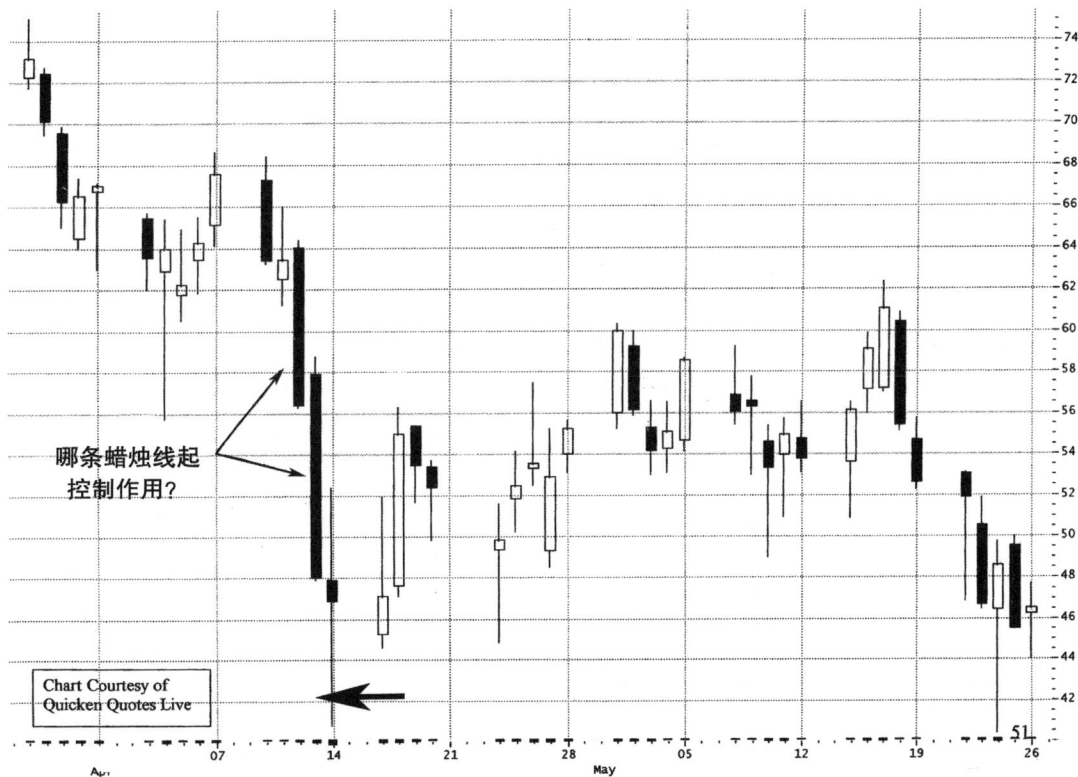

图 4.9 多条风高浪大线 / 亚马逊公司 4—5月日线图

的出现和大跌之间存在延迟。即便如此,风高浪大线依旧在市场中起到了重要作用,在其后一般会出现价格暴跌。

有时,尽管风高浪大线之前的交易日趋势异常强劲,但风高浪大线的出现往往预示着价格趋势反转。如图4.10所示,连续3天持续上涨,但在第4天戛然而止。有些交易者可能会认为这是上升趋势的延伸,但你如果牢记风高浪大线的上影线和下影线透露的重要信息,就会发现他们的观点似是而非。纺锤线形态表示趋势动量的减弱,风高浪大线则表示是时候摆脱多头仓位,或者开始卖空了。

当价格突破阻力线或到达新高时,也会出现风高浪大线。一旦发生类似情况,价格往往也会下跌。如图4.11所示,价格随着时间推移而稳步上升,之后出现了双风高浪大线,这是一

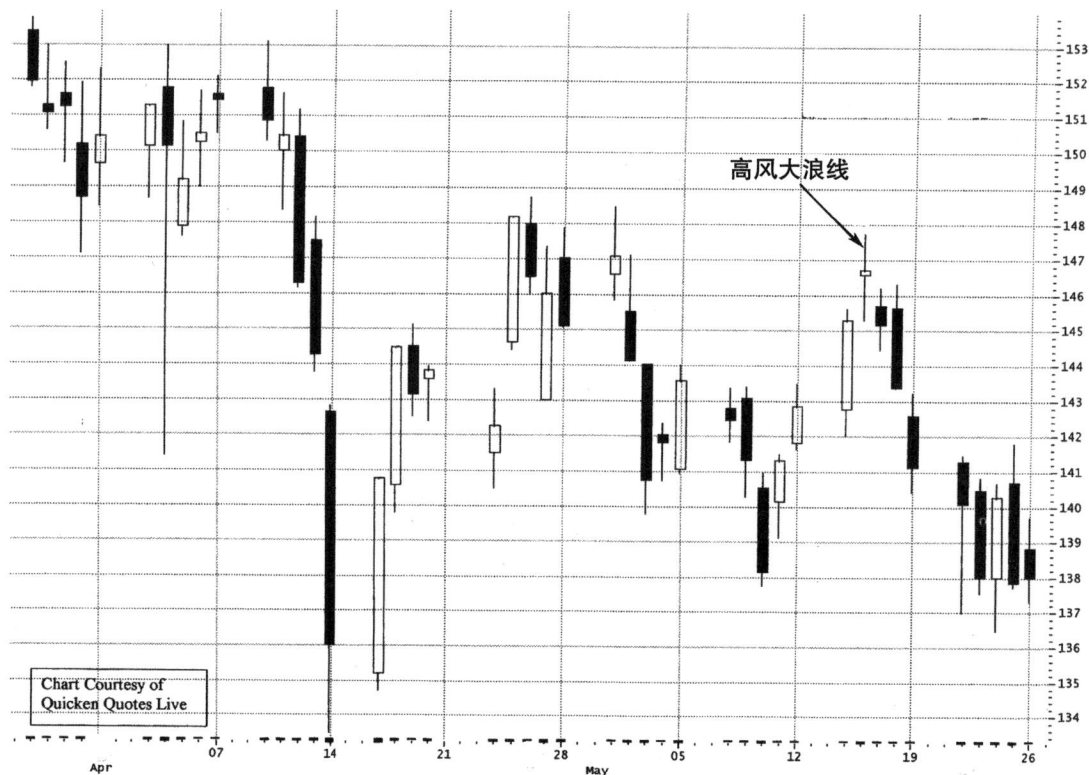

图 4.10 风高浪大线 / SPY 公司 4—5 月日线图

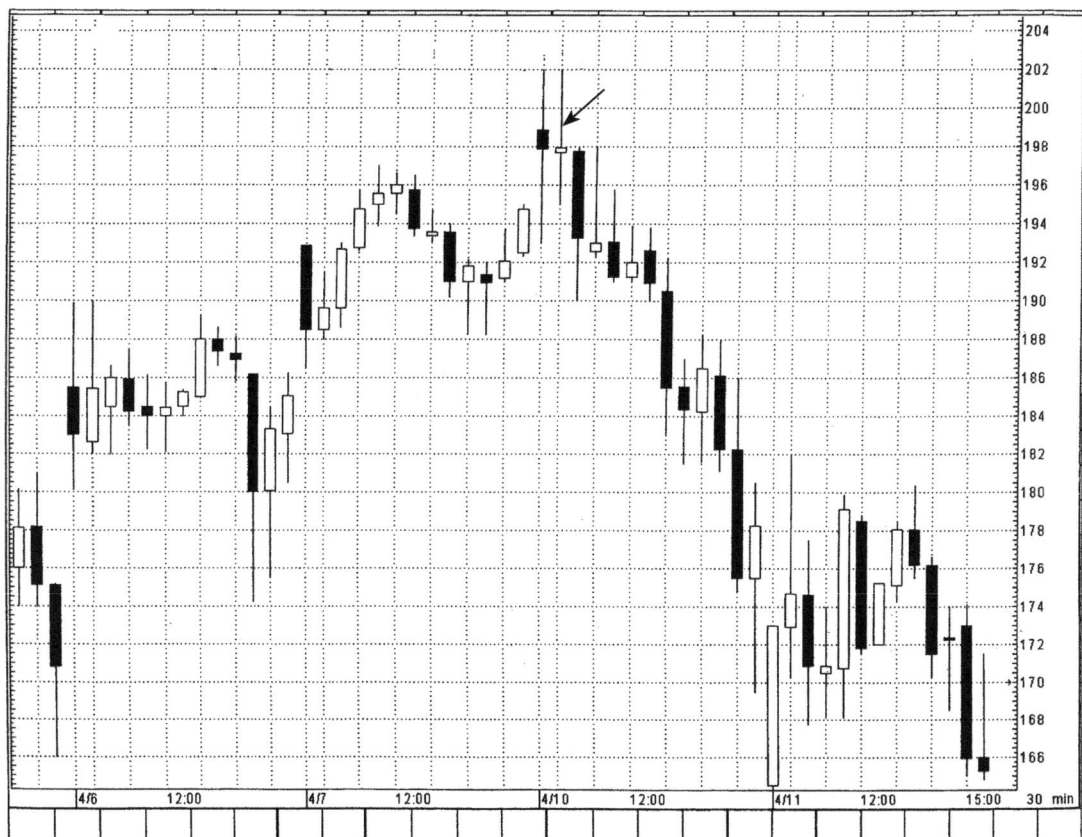

图 4.11 双风高浪大线 / PMC-Sierra 公司 / 30 分钟线图

个异常强烈的信号，表明即将出现反转。

风高浪大线也可能出现在下降趋势的底部，但这并不一定意味着反转即将出现，而是表明当前趋势走向失去动能。如图4.12所示，出现了3条风高浪大线。第1条标志着短期下降趋势结束，但还不能确定是否会出现反转。尽管趋势的反转出现在几个交易日之后，但处在短期价格高位的第2条和第3条风高浪大线是预示价格趋势反转的经典情形。

和大多数蜡烛图分析者一样，我喜欢将3条风高浪大线组合作为一个整体进行分析。因为短期上升趋势应该由3条或者更多阳线组成，每条阳线都有更高的高点和低点；而下降趋势正好相反，由3条或更多的阴线组成，每条阴线都有更低的高点和低

图 4.12　风高浪大线 1、2、3（SPS 公司）/ 日线图

点。当出现3条甚至更多连续或者不连续的风高浪大线时，都有很大可能出现反转。尽管图4.13所示的情况并不常见，3条不连续的风高浪大线之间都间隔了几个交易日，但依旧可以从上影线形态中预判反转即将到来。

如图4.14所示，风高浪大线形态并不一定有下影线，处于价格趋势底部的风高浪大线同样可以作为新的支撑线出现。卖方多次试图将价格压低到支撑线以下，但均以失败告终，此时出现反转的可能性极大。

影线和实体二者对于确定价格趋势的反转都起着举足轻重的作用。接下来在第五章将破解蜡烛线实体的密码。

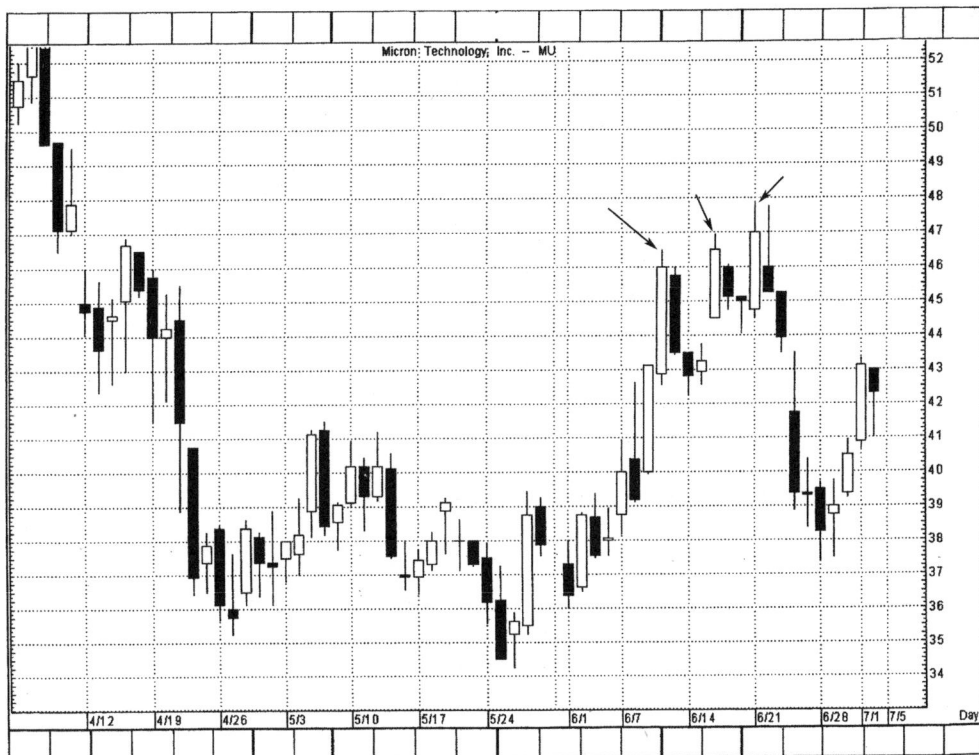

图 4.13　3 条风高浪大线 / 美国美光科技公司 / 日线图

图 4.14　单条蜡烛线 / 温加滕地产公司 / 日线图

自测题

1. 超长的上影线通常表示（　　　）。

    a.买方未能推高价格

    b.上升趋势即将反转

    c.当前趋势动量减小

    d.以上所有选项

2. 流星线的组成部分是（　　　）。

    a.一个小实体和一条超长的下影线

    b.一个小实体和一条至少2倍于实体长度的上影线

    c.一条上吊线与上一个交易日之间没有价格跳空

    d.处于上升趋势顶部的纺锤线

3. 流星线不是确定的反转信号，除非（　　　）。

    a.与前一天交易日有上行价格跳空

    b.2条及以上流星线出现在连续的交易时段

    c.伴随而来的是异常高的交易量

    d.以上所有选项

4. 关于心理价格区间，下列说法正确的是（　　　）。

    a.交易者最初的股票净值基础，实际盈亏平衡的价格

    b.心理价格会高于阻力线或低于支撑线，尤其还会突破价格跳空

    c.整数价格水平

    d.与分析师预测的目标价格相同时的市场价格

5. 关于风高浪大线，下列说法正确的是（　　　）。

    a.价格回落之前，在高位形成的蜡烛线，形状如同海中波浪

    b.牛市掌控市场的标志

c.实体小、上下影线长，表示"市场失去了方向感"

d.在一个方向异常强劲的运动之后，价格回落的趋势

查询答案，请翻页至书末第210页。

第五章　吞没形态

到目前为止，本书只分析了单蜡烛线形态。在蜡烛图中，也经常出现两条或多条蜡烛线组成的复合形态。这些形态的信号性也更强。吞没形态涉及两个交易日的情况，预示着要么看涨，要么看跌。图5.1展示了吞没形态的结构。

> 吞没形态是双蜡烛线形态，其中第二天的价格区间超过第一天的价格区间。

在看跌吞没形态中，后一个阴线的价格范围将前一个的阳线"包裹"，两者开市价与收市价之间差距都比较大，可以说阴线将前一个的价格范围给"吞没"了。当后一个的阴线价格范围吞没了前一个的阳线价格范围时，就显示了强烈的看跌信号。这种形态出现在上升趋势的顶部时，表示趋势即将出现反转，下跌在即。

相对应地，在看涨吞没形态中，如图5.1所示，后一个阳线

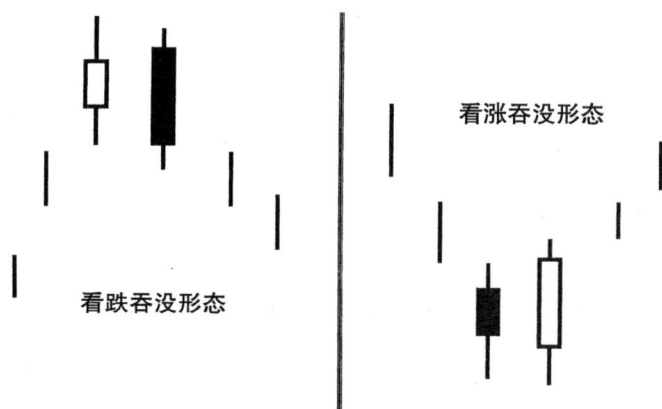

图 5.1　吞没形态

覆盖了前一个的阴线价格区间。这种形态出现在下行趋势的底部时，表示即将出现反转，上涨在即。

当一阴一阳两条蜡烛线组成吞没形态时，就预示着趋势的走向将要发生变化。吞没形态出现在上升趋势的顶部预示着下跌；在下降趋势的底部预示着上涨。从长级别趋势看，看跌吞没形态预示着熊市正在从牛市手中接管统治权，而看涨吞没形态则预示着牛市正在从熊市手中接管统治权。

图5.2展示的吞没形态显示了一个非常重要的特征，即"被吞没"的实体部分越长，趋势反转的信号就越强烈。这一点和锤子线、流星线等单条蜡烛线的情况类似。

在蜡烛图中，典型的看跌吞没形态通常出现在上升趋势的顶部，由两条蜡烛线组成，但其中阴线相对于阳线被"吞没部分"不是特别长。与此相反，出现在下降趋势底部的看涨吞没形态，两条蜡烛线长度差越大，就预示着反转信号越强烈。

> 看跌吞没形态出现在上升趋势的顶部，由两条蜡烛线组成，其中当前阴线的价格变动范围大于前一个交易日阳线的价格变动范围。这种形态预示着反转即将到来，下跌在即。
> 看涨吞没形态出现在下降趋势的底部，由两条蜡烛线组成，其中当前阳线的价格变动范围大于前一个交易日的阴线价格变动范围。这种形态预示着反转即将到来，上涨在即。

图 5.2　30 分钟线图看吞没形态 / SPY 公司标准普尔指数

支撑线和阻力线

　　吞没形态不仅仅是反转信号，还可以透露出其他重要信息。新的阻力线可以在看跌吞没形态中阴线的中间位置形成，其第二阻力线出现在实体顶部。同理，新的支撑线也可能出现在看涨吞没形态中阳线的中间位置，第二支撑线出现在实体底部。如图5.3所示，15分钟级别蜡烛图中的看涨吞没形态就非常典型。

　　假设新的支撑线停留在阳线的中间位置，随后的交易价格会测试这一水平的支撑线。然而，处于阳线底部的第二支撑线水平依然保持稳定。最初的支撑线之所以成立，是因为后来的

图 5.3　15 分钟线图看涨吞没形态 / 捷迪讯公司

测试失败，导致之后的上升趋势延续。如图5.4所示，在上升趋势的顶部亦是如此。

图5.4标记的这种情况更为典型。此时，看跌吞没形态顶部的第二阻力线形成了新的阻力线，并将阻力水平牢牢守住。

交易者可能觉得一旦形成了新的支撑线或阻力线，市场就不会重新测试这一价格水平。但在实际交易中，价格趋势会多次测试新设定的交易区间。如图5.5所示，看涨吞没形态出现在下降趋势的底部，出现反转，但随后价格回落，再次测试支撑线。

显而易见，图中的支撑线处于吞没形态的底部，在通常情况下，价格不会二次出现低于该水平的情况。但在第二次测试中，价格跌破之后又回到该水平之上。在多头市场中，这是一个可喜的现象，表明支撑水平持续且稳定。

图 5.4　日线图看跌吞没形态中的反转 / 芝加哥期权交易所数据

图 5.5　60 分钟线图看涨吞没形态 / 美国陆金所

　　图5.6的案例展示了另一种看跌吞没形态形成新的阻力线的情况。其阴线不仅包括了前一个交易日的阳线，还具有超长的上下影线。

　　在所示的情况中，有三种方法来确定阻力线：一是如图5.6所示的上影线牢牢守住了阻力线，可以通过实体的上影线确定阻力水平线；二是可以根据实体显示的最高价确定阻力线，图5.6中价格测试一次之后，出现了回落；三是可以通过吞没形态中的阴线中间位置确定阻力线，图中4个交易日的阻力线均被突破。如果交易者认为阻力线只是一个"价格区间"而非固定的价格，多种类型的价格变化就都可以用来确定阻力线位置，比如开市价、收市价和影线等都可能会影响阻力线的确定。

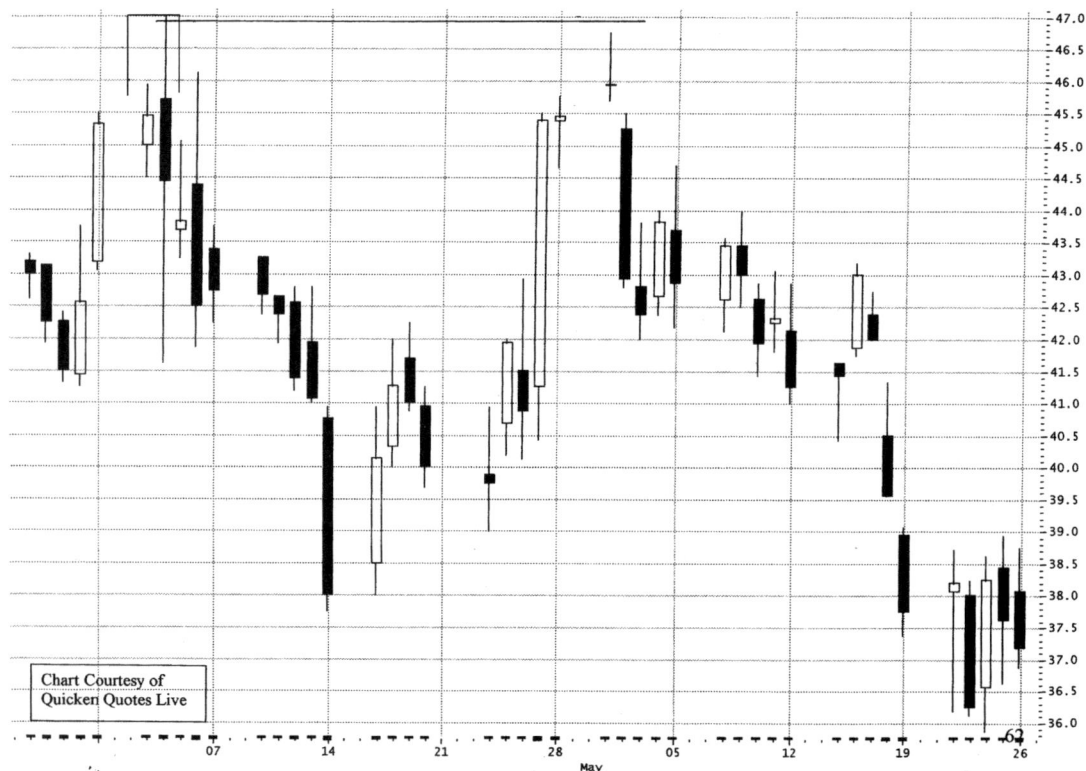

图 5.6　日线图看跌吞没形态中的反转 / WCOM 咨询管理公司两个月蜡烛图

价格趋势

图5.7中的案例比较特殊，其中出现了多个吞没形态。这张日内交易图表中清晰地包含了多个看涨吞没形态，也确实出现了一系列更高价格水平的支撑线，特别需要注意的是，强劲上升趋势之前出现了3个十字线形态。

众所周知，阴极则阳生，阳极则阴生，一阴一阳，生生不息。同理，在交易中没有一种趋势可以一成不变。在图5.7的上升趋势中，至少有一些时间段内短期出现过良好势头，连续出现的三个十字线形态非同寻常。当价格上涨强劲时，我通常喜欢说："就让多头证明他们的力量吧！"此时，这种势头一直持续到上升趋势的顶部，才出现看跌吞没形态。有种说法可以解释这种现象：快速上升和立即反转二者共同组成了阻力测试

图5.7　牛市的上升势头 / 沃尔玛超市 / 15分钟线图

（在之前的交易中有所体现，随后出现的横盘确认了阻力线的出现）。这种现象被称为典型的短期上升趋势。如果在此之后出现下降趋势，该类情况就被称为"摇摆交易模式"。无论何种情况，关键在于蜡烛线的形态会"透露"出交易的良机，而且出现在上升趋势顶部的看跌吞没形态是一个强烈的能让交易者把握住最佳交易时机的信号。

有时交易者可能觉得当前趋势将要结束，但复杂混合的信号又增加了判断的不确定性。如图5.8所示，可能在持续数个看跌的交易日后，紧随的交易日只是窄幅价格变动，而这正是摇摆交易模式中典型的反转信号。

这种情况下的下跌势头很迅猛，起初认为下跌趋势会在价格窄幅变动的交易日停止，并且紧接着是另一个价格变动范围更小的交易日。这些都是强烈的趋势指示性信号。但是，蜡烛

图 5.8　月线图看涨吞没形态——复合信号

图的形态仍然是阴线，趋势的方向依旧是看跌，意味着下降趋势可能还没有真正结束。典型窄幅变动的交易日不仅仅体现在价格变化区间小，还在于趋势方向的改变，因此随之出现的阳线是一个更强有力的价格趋势反转信号。

面对种种不确定性，应该采取何种措施才能在风云变幻中立于不败之地？答案将在接下来的两个交易日中揭晓——即将出现的看涨吞没形态异常重要。此时，图中形成了一个强烈的反转信号，吞没形态也确认了趋势即将发生反转。种种迹象表明，此时牛市开始接管市场，逐渐占据主导地位。

当吞没形态的价格区间不仅覆盖了前一个交易日，甚至覆盖了前几个交易日价格区间时，另一种变化也在悄然发生。当某种趋势后继乏力时，实体长度很可能也会逐渐变短，此时买卖双方交易者都变得更加谨慎。这就解释了价格变动范围逐渐收窄的原因。

当然，交易者不能仅根据蜡烛线实体逐渐变小而判断当前的趋势是会出现反转还是持续。但如果一个吞没形态的价格区间能够覆盖前面几个交易日的蜡烛线实体的价格区间，交易者就能凭此预测未来趋势了，如图5.9所示。

看跌吞没形态中的阴线覆盖了前5个交易日的价格区间，便是一个异常强烈的信号。当其出现后，伴随着向下的价格跳空和超长的阴线，趋势就会急剧下跌。此外，需要特别注意吞没形态和吞没区间的大小。在通常情况下，吞没形态中的两条蜡烛线长度相近。但如果出现一个非常小的蜡烛线实体被一个长实体吞没的情况，就意味着即将出现一个强烈的反转，以及在趋势顶部出现一条新的阻力线（或在底部形成支撑线），如图5.10所示。

吞没形态的出现让此处出现了新的、更明显的阻力线，而且在随后的交易中价格也没有突破阻力线。当然，仅仅分析交易中的价格行为显然会以偏概全，此外还需要考虑市场整体情况，在图5.11中会展示这一点。

图 5.9　日线图看跌吞没形态

图 5.10　日线图看跌吞没形态（美国博通公司）

　　如图5.11所示，异常强劲的上涨趋势出现了，但上升后继乏力，转而下降。此时，交易者可能手足无措，不知如何是好。价格是会跌回之前的水平，还是会停留在当前水平？最初的答案可能是该趋势会在短时间内快速下跌，下跌到道琼斯指数150点才结束。麦当劳的股票作为道琼斯指数的一个组成部分，你预计其价格将跟随道琼斯指数变化而变化。但是，麦当劳的这张蜡烛图在道琼斯指数大跌的那个交易日出现了，而这正确地预示着一次新的上升趋势。这不仅是因为出现了看涨的吞没形态，还是因为道琼斯指数的下跌提供了一次买入机会，这两个指标进行相互确认。

　　在某些情况下，出现趋势反转之前总是表面风平浪静，

图 5.11　日线图上升趋势中的新阻力线（麦当劳）

没有任何明确的信号。如图5.12所示，木材期货的价格趋势开始进行横向运动，然后进入上升趋势。如果价格保持持续上涨，交易者应该在什么时候清仓呢？答案是等到吞没形态的出现。

市场总是在发出指导性的讯息，关键在于分析师和交易者如何解读这些信息，并从中发现线索。在上述案例中，上升趋势突然结束，在上升趋势的顶部出现了明确的看跌吞没形态，趋势随后出现反转。这个时机转瞬即逝，不容错过。在看跌吞没形态之前，价格趋势一路高歌猛进，而在之后却出现了反转，并将股价拉回到了上升前的低点水平。

图 5.12　价格趋势／美国证券交易所木材期货价格／日线图

自测题

1. 吞没形态包括（　　　）。

　　a.前一个交易日有长实体，并覆盖后一个交易日的开市价和收市价区间

　　b.后一个交易日有长实体，并覆盖前一个交易日的开市价和收市价区间

　　c.一种价格趋势，完全填补先前相反方向趋势的价格跳空

　　d.从高于阻力线的价格水平回落（看跌）或从低于支撑线反弹（看涨）的价格跳空

2. 看跌吞没形态包括（　　　）。

　　a.位于上升趋势顶部的两条蜡烛线

　　b.开市价和收市价都超过前一个交易日开市价和收市价价格区间的阴线

　　c.阳线之后是阴线

　　d.以上所有选项

3. 关于看涨吞没形态，下列说法正确的是（　　　）。

　　a.出现在下降趋势的底部

　　b.总是由两条阳线在一系列阴线后出现

　　c.位于上升趋势的顶部，表示持续上升趋势

　　d.以上所有选项

4. 关于吞没形态，下列说法正确的是（　　　）。

　　a.可能会形成新的阻力线，但不会形成新的支撑线，因为就其本质而言，无法阻止价格下降

　　b.可能形成新的阻力线（看跌吞没）或新的支撑线（看涨吞没）

　　c.可能形成新的阻力线（看涨吞没）或新的支撑线（看跌吞没）

　　d.与阻力或支撑没有相关性

5. 当一个交易日的实体覆盖之前几个交易日的开市价和收市价时，下
   列说法正确的是（　　　）。

   a.这不是真正的吞没形态，而是一个虚假信号

   b.反转异常强烈的信号

   c.或许出现反转

   d.反转被当前趋势的延续所取代

   查询答案，请翻页至书末第210页。

第六章　其他双蜡烛线形态

乌云盖顶形态

　　本章继续讲解双蜡烛线的其他形态，比如乌云盖顶形态。这种形态由两条蜡烛线组成，后一天阴线的开市价高于前一天阳线的收市价，但阴线的收市价也明显扎入第一天阳线的内部。乌云盖顶形态通常高开低走，预示着上升趋势反转，下跌在即，具体形态如图6.1所示。

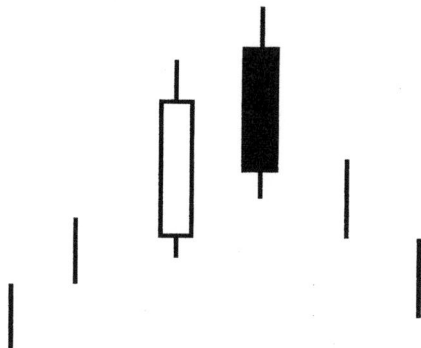

图 6.1　乌云盖顶形态

如图6.2所示，前一交易日出现阳线，次日跳空高开。这种看涨现象貌似可喜，似乎预示着上涨动力强劲。当然，交易者无法在开市时就预料到价格会下跌，但当股价形成乌云盖顶形态时，未来趋势又将何去何从？

乌云盖顶形态让多头交易者擦亮眼睛，重新审视这种看似强劲的上涨趋势。在这种时候，反而可能要削减多头头寸，甚至建立空头仓位了。如图6.2所示，价格的确呈现下跌趋势，证实了乌云盖顶形态是一个强烈的看跌信号，也说明最初的开市价跳空具有一定的迷惑性。这种双蜡烛线形态几乎形成了吞没形态，但并不是吞没形态。如果将吞没形态比作全部被遮盖的日全食，那乌云盖顶形态就是日偏食，二者之间的差别很微

图 6.2　乌云盖顶形态 / 30分钟线图

妙。如果乌云盖顶形态确认了上行阻力，其信号指示性比未形成阻力的吞没形态要更可靠。如图6.3所示，乌云盖顶形态形成了一条阻力线。

如图6.3所示，雅虎公司的蜡烛图清晰显示了乌云盖顶形态形成的阻力线。在到达价格最高点之前，上升趋势势头迅猛。乌云盖顶形态是一个指示性很强的信号，在其出现之后，上升动能减弱并出现反转，所以说乌云盖顶形态意义非凡。如果没有乌云盖顶形态，也就无从预判上升趋势何时结束。

在乌云盖顶形态之后，趋势并不一定立即出现反转并开始下跌，也可能在随后的交易日出现超长的阳线。这种形态可能标志着之前的上升趋势太过迅猛，从而导致后继乏力。如果蜡烛图中出现乌云盖顶形态，很可能意味着下降趋势即将到

图6.3 乌云盖顶形态形成阻力水平 / 雅虎公司 / 日线图

来——虽然不一定会在紧接着的下一个交易日到来，但间隔时间并不会太长。如图6.4所示，乌云盖顶形态之前出现价格横向运动，在其出现之后则价格趋势开始反转，整个运行过程这是值得特别注意的。

十字线发展形态

术有常形而道无常法，蜡烛线固定组合有形，而实际交易变幻无常，所以交易者必须要一眼看出固定组合之外的搭配形态，以读懂其中蕴含的信息。如图6.5所示，在超长的阳线之

图 6.4　乌云盖顶形态 / 英特尔公司 / 日线图

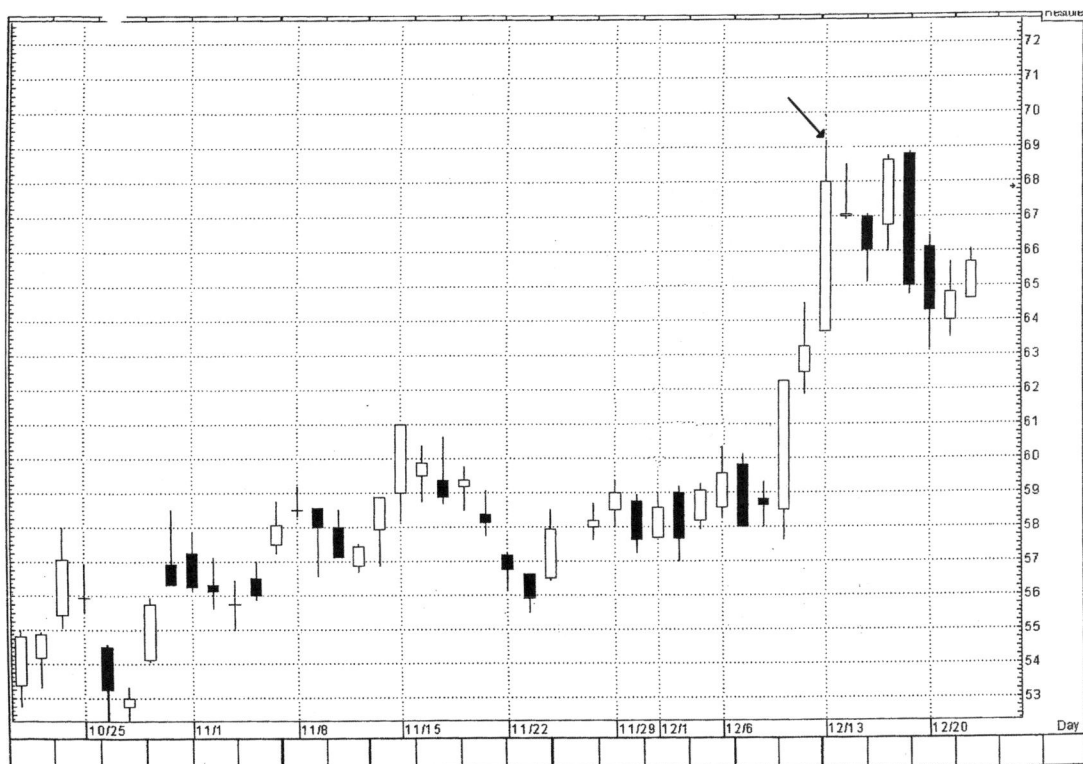

图 6.5　超长的阳线之后出现十字线形态 / 沃尔玛超市 / 日线图

后出现十字线形态。在实际交易中如何判断蜡烛线形态是否完整？请记住，当前交易日收市之后，再判断蜡烛线的形态也为时未晚。

　　在这张蜡烛图的发展过程中，我更关注十字线形态。图6.5中出现了乌云盖顶形态，但奇怪的是，实体的开市价低于前一日的收市价，价格上升后出现下降趋势。我更希望阴线价格区间高于前一日的收市价，然后再出现价格下降。此种情况也说明了，蜡烛线形态并不总是按照既定"套路"出牌，也可能出现情理之中、意料之外的情况。

　　图6.6就显示了非常典型的乌云盖顶形态，价格下降，总体趋势波动大。

　　请注意图中一前一后出现的超长阳线和短小阴线，价格似

图 6.6　乌云盖顶形态 / 沃尔玛超市 / 7 分钟线图

乎已经到达了趋势顶部并遇到了新的阻力，但直到小阴线后紧跟着出现大阴线，阻力线才能得以确认。此后，价格趋势短暂下降，出现盘整，然后又是下降趋势。

混合形态

　　在实践中，会出现很多种蜡烛线形态，然而它们并不能让交易者对未来趋势一目了然。交易者可能会发现，为了准确分析蜡烛线形态，将两条蜡烛线视为整体进行分析，似乎能得到更加清晰的指示性信号。如果只是分析单条蜡烛线，则会很难预测未来的趋势。图6.7就展示了蜡烛线的混合形态。

如图6.7所示，当蜡烛图未来趋势不甚明晰时，混合形态能让未来趋势的走向更加清晰明了。当然，这种形态适用的交易时间周期可长可短，比如在15分钟线图和日线图中，混合形态的作用就无甚差别。单条蜡烛线变化不明显时，混合形态有助于厘清纷繁复杂的关系。

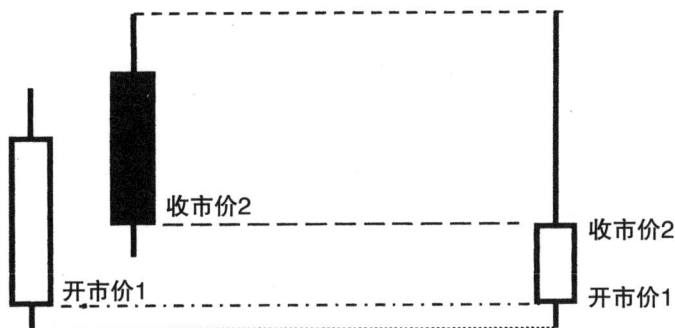

图 6.7　混合蜡烛线

混合形态是由两条或多条蜡烛线形成的组合形态，能够显示趋势和价格发展的信息。

在分析混合形态时，要先从前一交易日的开市价开始看，这是混合形态的开端，接下来看后一交易日的收市价，两条蜡烛线共同组成混合形态。如图6.7所示，两条蜡烛线的混合形态可以构成一条非常短小的阳线，因为第二天的收市价仅略高于第一天的开市价。小阳线和两条蜡烛线的上下影线的价格区间相同，其上影线最高价等于两条蜡烛线的最高价，下影线最低价等于两条蜡烛线的最低价。

在本案例中，如果只是分析单条蜡烛线，也看不出个子丑寅卯来，但是混合形态超长的上影线则预示着下跌在即。此外，结合三条或多条蜡烛线进行共同分析，能更准确地预测价格趋势。这时需要将前一交易日开市价视为混合形态的开市价，后一交易日的收市价视为混合形态的收市价，两条蜡烛线的上下影线视为混合形态的上下影线。

必须谨慎使用混合形态进行分析，因为交易者必然不想捏造数据去得出"自以为"的结果。交易者需要的是改进分析方法，而非想当然地进行分析。交易者同样可以改变蜡烛图的时间周期进行分析。如果交易者认为周线图比日线图的信息更有价值，周线图中的蜡烛线组合就是日线图的混合形态；如果交易者选择15分钟的时线图，便可以将4个时段组合起来进行分析。

最重要的是，根据自身需求选择蜡烛线的时间周期，从中解读有效信息，并找准合适的时机。对大多数交易者而言，还是应该保持目前分析蜡烛线所使用的时间周期，但偶尔调整一下时间周期或许也能得到更有效的信息。

混合形态毕竟只是分析工具，交易者还可以利用它从不同角度来分析蜡烛线发展模式。如果将两条或三条蜡烛线组合在一起进行分析，交易者可能会从中发现不易被察觉的反转信号。

刺透形态

混合形态有时会以交易者不易察觉的方式出现，如图6.8显示的刺透形态。

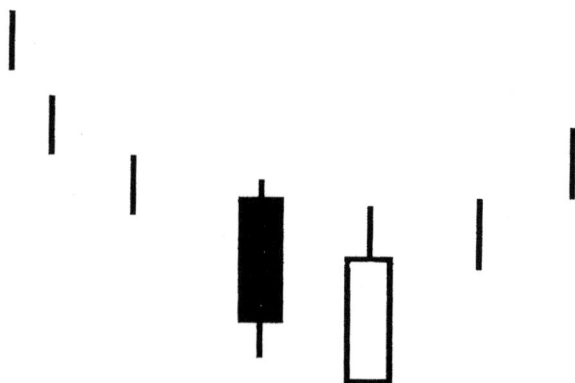

图 6.8　刺透形态

刺透形态是涉及两条蜡烛线的组合形态，前后两条蜡烛线一阴一阳（看涨）或一阳一阴（看跌）。看涨刺透形态通常出现在下降趋势中，阳线开市价通常低于前一日的阴线收市价，而阳线收市价则没入阴线的实体之中。在看跌刺透形态中，阴线则在阳线之后，阴线开市价高于阳线收市价，然后价格下跌直至收市价处于前一日的阳线价格区间之中。

　　刺透形态和乌云盖顶形态所示的未来趋势正好相反。例如市场整体呈下降趋势，特别是在连续交易日中出现阴线，意味着熊市正在控制市场主动权。然后，直到出现一条阳线，才能判断即将出现反转。

　　从图6.9中能清晰地看出二者的区别，虽然二者都是反转信号，但是乌云盖顶形态位于上升趋势顶部，而刺透形态位于下

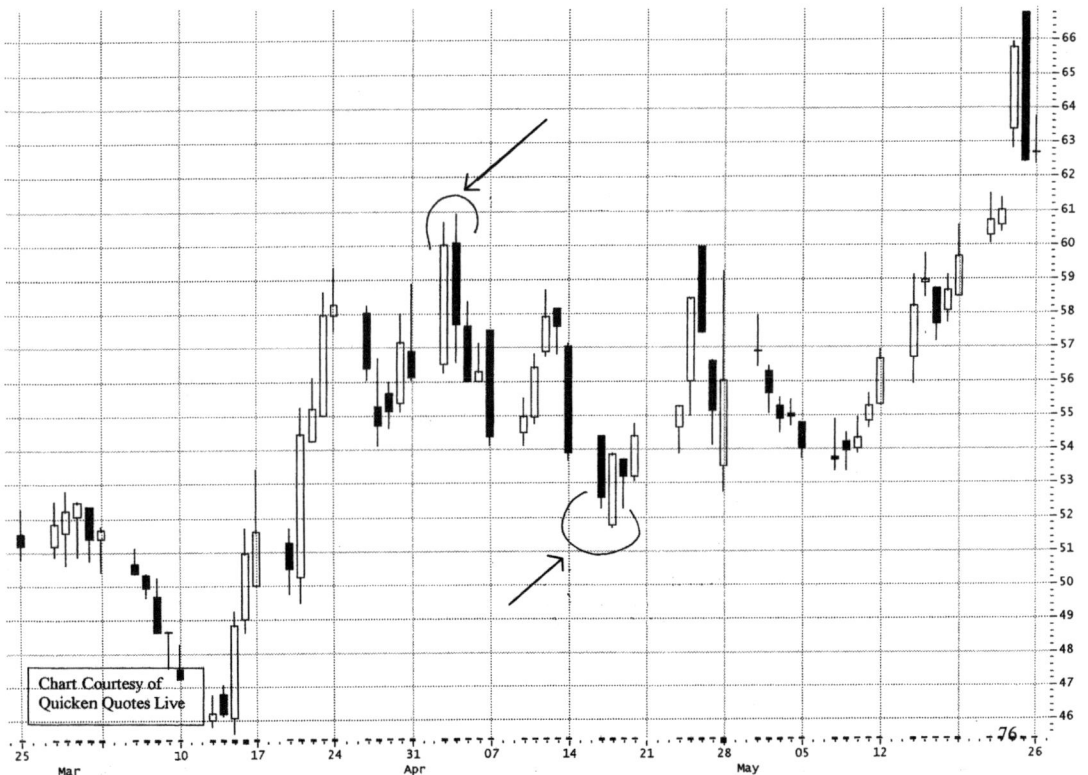

图 6.9　乌云盖顶形态和刺透形态 / 旭硝子株式会社公司 / 2000 年 3—5 月日线图

降趋势底部。需要特别注意的是，阳线开市价和阴线收市价之间出现价格跳空，这在刺透形态中就是强烈的反转信号。

如图6.10所示，交易者同样可以在前一交易日阴线的中间位置找到刺透形态建立的阻力线和支撑线。在这种情况下，支撑线位于53美元或54美元附近。通过后期的交易来看，这一预测准确无误。从图6.10中可以看出，刺透形态还有确认前期支撑线的作用。

如图6.10所示，支撑线明显处于53.60美元附近。在下降趋势的底部出现了刺透形态和价格跳空，然后价格趋势出现反转，继而上行。在整个趋势变化过程中，刺透形态的出现不易引起交易者的注意，但它的确是一个强有力的反转信号。刺透形态会设定新的支撑线，可能会出现多次价格压力测试，但最终卖方力量会让位于买方力量，实现上升趋势。这种延迟响应

图 6.10　刺透形态 / 思科公司 / 2000 年 5 月 27 日 5 分钟线图

在图6.11中可以看出。

图6.11中刺透形态的后一交易日开盘价和前一交易日之间出现很大的价格跳空，然后出现了大阳线。图中刺透形态是由三部分组成——刺透形态的阴线、阳线和下行的价格跳空。这三个因素都是强烈看涨的信号，要是将这些信号组合起来看，那意义就非比寻常。请注意，在连续几个交易日中都会出现价格测试，紧接着是价格爆炸式上涨。

几乎和其他蜡烛线形态一样，交易者必须在更大的市场背景下分析刺透形态，并透过蜡烛图的价格行为解读价格趋势运行的密码。在图6.12中，刺透形态结束了迅猛的下降趋势，也能从中看出上升趋势／下降趋势的支撑线。然而，需要注意的

图 6.11　刺透形态／代顿－哈德森公司／日线图

图 6.12　刺透形态结束下降趋势／美国在线／日线图

是，价格突破支撑线时，道琼斯指数下跌了250点。

　　如果观察到双刺透形态，交易者应该如何应对？换而言之，如果一个刺透形态之后紧接着出现了另一个刺透形态，未来价格趋势又将如何呢？在图6.13中，双刺透形态形成了新的支撑线。在之后的屡次压力测试中，价格也没有跌破这条支撑线。

　　上述情况表明，有多种方法可以确认某种蜡烛线的形态。所以，如果交易者看到第一个刺透形态，还在犹豫不决，那么出现第二个刺透形态时，就好比叫人起床的第二个闹钟，交易者应该当机立断，立即采取措施。因为市场将会马上出现反转，价格开始上涨，此时正是退出空头头寸或进入多头头寸的大好时机。

图 6.13 双刺透形态 / 芝加哥交易所美国国债期货 / 日线图

自测题

1. 关于乌云盖顶形态，下列说法正确的是（   ）。

    a.乌云盖顶形态出现在下降趋势的底部，由两条蜡烛线组成，是
    看涨反转形态

    b.阴线出现在阳线之后，阳线的开市价和收市价低于阴线，或阳
    线价格范围"覆盖"阴线

    c.阴线的开市价高于前一日阳线的收盘价，之后趋势下降，阴线
    的收市价为组合形态的收市价

    d.阴线和阳线的顺序决定看涨或看跌趋势

2. 当出现乌云盖顶形态时，可通过以下（　　　）方式确认。

　　a.乌云盖顶形态之后出现下降趋势

　　b.乌云盖顶形态之后出现上升趋势

　　c.上升趋势中价格跳空之后出现十字线形态

　　d.价格异常强劲增长

3. 关于混合形态，下列说法正确的是（　　　）。

　　a.混合形态分析某一行业中的系列蜡烛线，而非单一的蜡烛线

　　b.混合形态是亏损抵消盈利的交易形态，以平衡投资组合

　　c.混合形态将投资分散于数种不同的股票或商品上

　　d.混合形态是将两条或多条蜡烛线视作整体进行分析

4. 关于刺透形态，下列说法正确的是（　　　）。

　　a.包括一条阴线和一条阳线

　　b.后一日的开市价低于前一日的价格区间（看涨）或高于前一日
　　　价格区间（看跌）

　　c.后者收市价在前者价格区间之内

　　d.以上所有选项

5. 关于刺透形态，下列说法正确的是（　　　）。

　　a.可以设定或确认支撑线和阻力线

　　b.与整体交易区间水平没有特别联系

　　c.只有蜡烛图出现成交量猛增或者其他蜡烛线形态确认才有一定
　　　意义

　　d.以上所有选项

查询答案，请翻页至书末第210页。

第七章　孕线形态、启明星形态和黄昏星形态

孕线形态

　　本节主要讲解孕线形态。孕线这个名称很形象地描述了两条蜡烛线的形状，一条蜡烛线包含另一条蜡烛线。孕线形态由两条蜡烛线组成，二者有特定的形状和影线，其中后者可以是阴线，也可以是阳线，如图7.1所示。

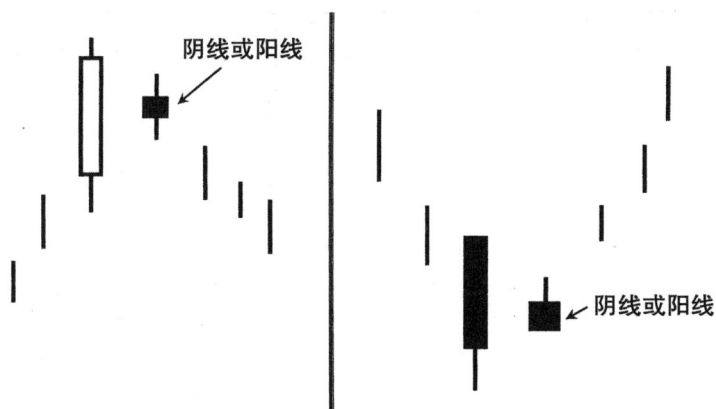

图 7.1　孕线形态

　　孕线形态中两条蜡烛线分别叫作母线和子线，二者差异越大，反转的信号越强。如图7.2所示，一条大阴线之后紧随着一条短小的阴线，形成了典型的孕线形态。

　　孕线作为可靠的反转信号，一眼就能识别出来。当孕线出现在上升趋势的顶部时，第一条蜡烛线通常是阳线，预示着趋势即将下降；当孕线形态出现在下降趋势的底部时，第一条蜡烛线通常是阴线，预示着趋势即将上升。在图7.3中，三个孕线形态都出现在了上升趋势的顶部，并且随后价格趋势都出现了反转。

　　如图7.3所示，交易者可以观察到一个有趣的现象，第一次上升趋势突破了阻力，但随后在上升趋势顶部出现了孕线形态，这预示着反转的可能。随后价格上涨后继乏力，开始回

图 7.2　孕线形态 / 德士古公司 / 日线图

落。在下一个更强烈的上升趋势的顶部，出现了第二个孕线形态。上升过于迅猛，以至于出现了价格跳空。图7.3中3月底、4月初，两条大阳线之后，出现了第三个孕线形态。这次上升的水平比之前两次都高，种种现象表明价格上升过快。

孕线形态出现在下降趋势的底部时，同样具有强烈的反转性。例如在图7.4中，接连几日都是下降趋势，直到孕线形态出现，下跌趋势才戛然而止。并且在孕线形态的次日出现了窄幅波动，这就是波段交易者所说的"窄幅波动日"。此时，孕线形态预示着价格已经触底，强烈的上涨即将到来。

正所谓盛极必衰、否极泰来，如果上升或下降变化得太快，就意味着反转即将到来。在这种情况下，孕线形态就是反转即将出现的征兆。在图7.5中，从蜡烛线1起的连续6个交易日

图 7.3　孕线形态的三次反转/威达信集团/日线图

图 7.4　孕线形态中的下降趋势 / 亚马逊公司 / 日线图

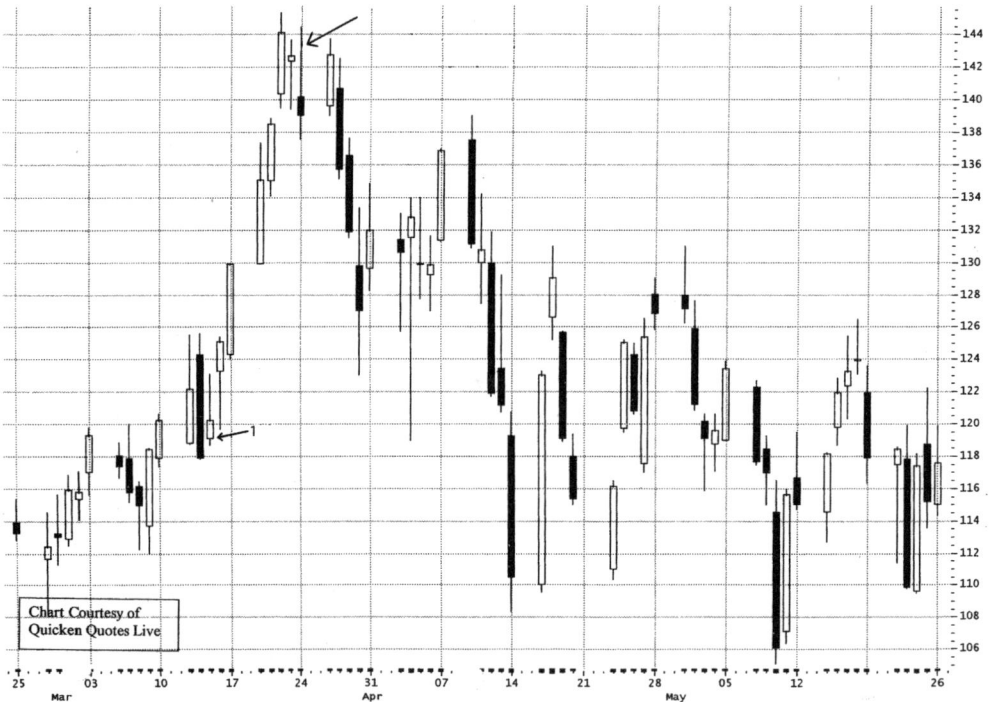

图 7.5　孕线形态 / 英特尔公司 2000 年 3—5 月日线图

价格持续上升，之后出现孕线形态，收市价才有所下跌。这是一个强烈的预警信号，表明下跌趋势马上就要到来。

启明星形态

　　如图7.6所示，图中蜡烛形态由三条蜡烛线组成。第一条蜡烛线通常是阴线；中间位置的蜡烛线是一条看涨的倒锤子线，有上影线而无下影线，即可以是阴线，也可是阳线；第三条蜡烛线是阳线，整体趋势从第三条蜡烛线开始上升。这种形态被称作启明星形态，是一个强烈的止跌看涨的信号。启明星形态和其他诸多蜡烛线形态一样，让交易者即使面对纷繁复杂的形势，也能拨云见日，厘清市场中的理性和情绪，以选择最佳交易时机。被誉为"宏观经济学之父"的约翰·梅纳德·凯恩斯曾经指出，"在一个非理性的世界里，运用理性投资策略是非常危险的"。

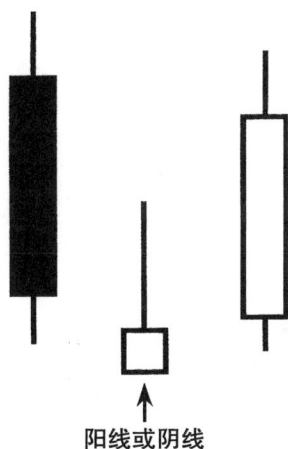

阳线或阴线

图 7.6　启明星形态——触底反弹

　　启明星形态是由3条蜡烛线组成的看涨形态，中间蜡烛线是看涨的倒锤子线，第三条蜡烛线是上升的阳线。

启明星形态预示着趋势反转，大多数情况下是触底反转。需要注意，只有在第一条蜡烛线是阴线的情况下，该形态才会奏效。在典型的启明星形态中，中间蜡烛线应完全低于第一条蜡烛线实体。但实际情况并不总是如此。例如在图7.7中，下降趋势底部出现了一条锤子线，此处便是清晰的启明星形态。标记的第三条蜡烛线形态是流星线，实体很短小，有着超长的上影线——这预示着多头试图推高价格却遭遇失败，随即迎来短暂的下跌。

图7.8显示的是纳斯达克100指数的价格走势，在下降趋势底部清晰地出现了启明星形态，并形成了V字形的反转。尽管这不是一个非常典型的蜡烛线形态，因为中间蜡烛线实体并没有完全低于第一条蜡烛线实体的价格区间，但整体的反转迹象和结果都一目了然。

如图7.9所示，迅猛下行趋势的底部清楚地出现了启明星形

图 7.7　启明星形态和锤子线 / 美国辉盛研究系统公司 / 日线图

图 7.8　启明星形态 / 纳斯达克 100 指数 / 15 分钟线图

图 7.9　启明星的风险和收益 / 美林银行 / 日线图

态。中间蜡烛线和第一条蜡烛线之间明显出现跳空，和第三条蜡烛线之间也出现了价格跳空，就是非常典型的启明星形态。

十字启明星形态

请注意启明星形态是如何确定下降趋势的底部或支撑线的。价格趋势多次测试由中间蜡烛线形成的支撑线，并无果而终。如果启明星形态的中间蜡烛线变成十字线形态，并出现了新的支撑线，这就形成了十字启明星形态。图7.10就显示了典型的十字启明星形态。

图 7.10　十字启明星形态 / 宝洁公司 / 日线图

十字启明星形态是启明星形态的变体，中间蜡烛线是十字线形态。

　　有时，十字启明星设定了新的支撑线，并且这条支撑线接下来维持了一段时间。但即便如此，价格趋势也可能具有欺骗性，因为支撑线不是预测未来趋势的唯一标志。在图7.11中，交易者会发现下降趋势的底部出现了启明星形态，但其并不一定是确立了新的支撑线。事实上，价格可能会继续下降，之后才止跌上涨。

虚假信号

　　下文将要讨论潜在的虚假信号。蜡烛形态从来都不能百分

图 7.11　启明星形态 / 英联邦能源系统 / 日线图

之百预示未来的走向。日本有句谚语："水面平静并不意味着没有鳄鱼。"因此，即使出现像启明星形态一样的指示性很明确的信号，价格也可能下降而非上升，因为市场中意外的收益、分析师建议的变化、影响公司产品和市场的负面消息等都可能左右价格走向。

如图7.12，启明星形态并非出现在下降趋势的底部，而是出现在价格横向运动结束之时。此时的启明星形态并不能起到准确预测未来趋势的作用，如果交易者仅仅根据启明星形态就建立多头仓位，那很可能导致亏损。在启明星形态出现的次日，市场跳空低开，比前一个交易日收市价低了7个点，随后价格继续出现横盘运动，没有向上回补价格的跳空缺口。

图 7.12　虚假信号 / 美国康柏电脑公司 / 日线图

黄昏星形态

　　和启明星形态相反的是黄昏星形态，一种滞涨形态，中间
蜡烛线通常是看跌的倒锤子线，第三条蜡烛线是阴线。在某些
情况下，在一张图中可能会同时出现黄昏星形态和启明星形
态，二者分别位于趋势的顶部和底部。

> 黄昏星形态是由三条蜡烛线组成的看跌形态，中间蜡烛线是一条看
> 跌的倒锤子线，第三条蜡烛线是阴线。

　　在图7.13中，出现了两种"星形"蜡烛线形态：黄昏星形态
出现在上升趋势的顶部，启明星形态则出现在下降趋势的底部。

图 7.13　黄昏星形态和启明星形态 / 纽约银行 / 日线图

在图7.14中的黄昏星形态中，中间蜡烛线和第一条蜡烛线实体之间出现价格跳空，明确显示出了下降趋势。

在图7.15中，两个黄昏星形态连续出现。这种背靠背黄昏星形态很不寻常，是一种信号强烈的形态。

双黄昏星形态重新构成了一条强大的阻力水平线，明确限定了新的交易价格区间。任何连续出现的蜡烛线形态，尤其是三条蜡烛线形态，都是信号性很强的组合。当黄昏星形态出现在孤岛形态的顶部时，如图7.15所示，三条蜡烛线之间出现价格跳空，形成了一个"孤岛"。此时股市暗流涌动，风云变化在即，所以交易者需要特别注意。

在图7.16中，出现了黄昏星形态和孤岛形态。请注意中间蜡烛线在上升趋势顶部形成的价格跳空。这预示了价格趋势反转在即，随后价格开始出现下跌趋势，也形成了新的阻力线。

图 7.14　黄昏星形态 / 周线图

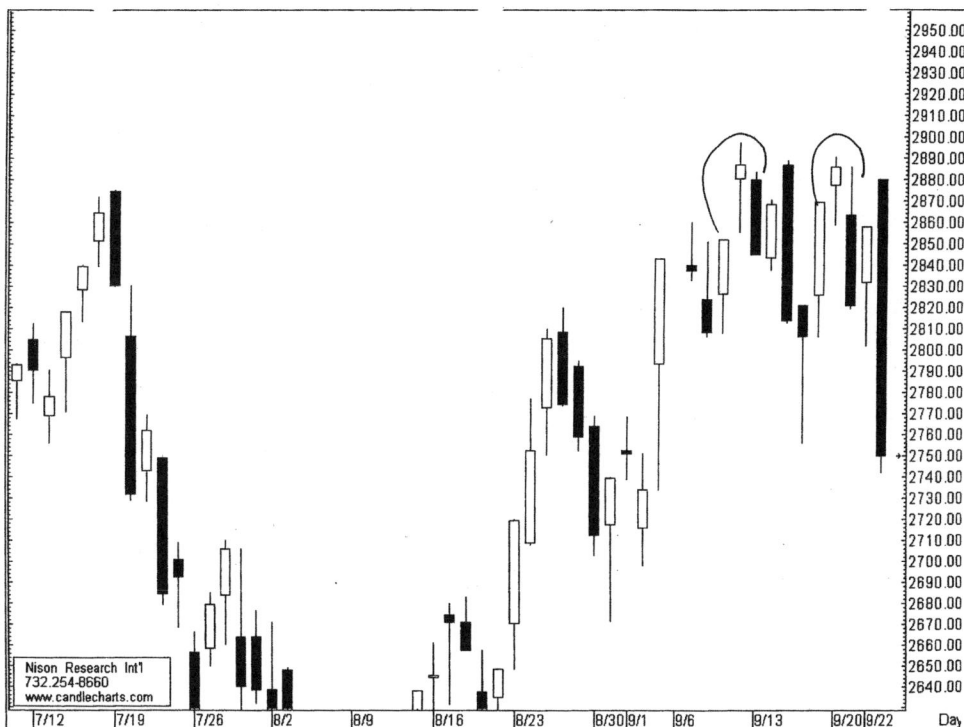

图 7.15　背对背黄昏星形态 / 纳斯达克综合指数 / 日线图

图 7.16　黄昏星形态和孤岛形态（芝加哥商品交易所标准普尔 500 指数日线图）

后期价格趋势也不断在测试阻力线，但始终没有突破。

启明星形态和黄昏星形态都符合西方传统的技术分析方法。如图7.17所示，道琼斯指数趋势的顶部和底部共同组成了头肩形态。这种形态也能设定目标价格。垂直趋势线显示了下降趋势的支撑线。这是阻力线突破失败后的结果。相应地，此处特定的蜡烛线形态又确认了头肩形态。

将蜡烛图技术和西方制图技术科学地结合在一起，能让交易者的分析更准确、富有洞察力。最重要的是，"不畏浮云遮望眼，只缘身在最高层"，要透过眼前的现象看本质，站得更高才能一览全局。正如日本谚语所说，"孤木不成林"，在接下来的章节中，交易者应该跳出单条蜡烛线形态而纵观整体趋势。

图 7.17　头肩形态（道琼斯指数日线图）

自测题

1. 孕线形态涉及两条蜡烛线，下列说法正确的是（　　　）。

    a.第二条蜡烛线价格区间高于和低于第一条蜡烛线的价格区间

    b.两条蜡烛线的实体大小相等，但是后者的影线更长

    c.第二条蜡烛线的实体位于第一条蜡烛线的实体范围内

    d.十字线形态覆盖了大阳线价格区间

2. 关于启明星形态，下列说法正确的是（　　　）。

    a.这种形态由三条蜡烛线组成，包含一条看跌的倒锤子线，紧跟
     一条阳线

    b.是双蜡烛线形态，两条蜡烛线都是倒锤子线

    c.一直预示看跌

    d.其中一条蜡烛线上影线很长，下影线很短或没有下影线

3. 关于十字启明星形态，下列说法正确的是（　　　）。

    a.和启明星形态相同，但是看跌而非看涨

    b.和启明星形态相同，但中间是十字线形态

    c.以十字线形态开始，形成向上价格跳空，形成新的上升趋势

    d.总是在突破阻力线的时候出现

4. 关于黄昏星形态，下列说法正确的是（　　　）。

    a.和启明星形态一样，但从看跌而非看涨的倒锤子线开始

    b.是止跌看涨形态

    c.包含两条蜡烛线，二者间有下跌价格跳空

    d.在交易日结束或接近结束时形成

5. 关于孤岛形态，下列说法正确的是（　　　）。

    a.是启明星形态的别称

    b.是黄昏星形态的别称

c.是黄昏星形态的变体，中间蜡烛线位于前后两条蜡烛线之上，存在价格跳空

d.在突破阻力线失败时出现

查询答案，请翻页至书末第210页。

第八章　打开窗口看天地

本书在技术分析中使用的方法，我称为"交易三要素"。蜡烛图的每条线都包含丰富的信息，但蜡烛图分析法只是"交易三要素"之一，我将其广义地称为东方技术分析法。另外两个要素是西方技术分析法和资本保值。

"交易三要素"不仅仅是一个概念，其原则更是一种让我在交易中得心应手、左右逢源的操作指南。图8.1总结了"交易三要素"分析方法的结构。

第一部分，东方元素包含了很多概念，我将其统称为"蜡烛图表"；第二部分是"西方工具"，包括交易者和分析师日常使用的所有技术性指标；第三部分是"资本保值"，指的是如何降低所有交易的风险。

为了向交易者展示蜡烛图在"交易三要素"中的强大作用，提醒读者这种信号的重要性，我想强调一下图8.2中所展示的蜡烛图，当时该公司的股票交易价格才20多美元。

在图8.2中，我标记了4个位置：区域1正好位于支撑线20美

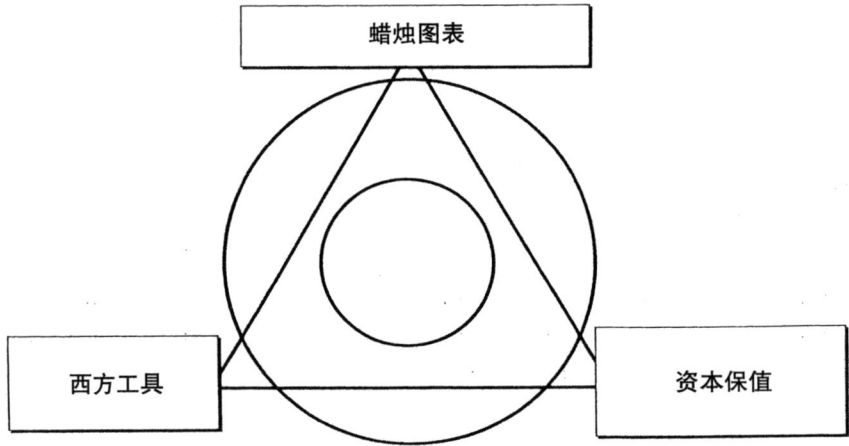

图 8.1 "交易三要素图"
注：www.candlecharts.com。

图 8.2 单条蜡烛线的分析 / 美国信息技术企业 IBM / 日线图

元左右，你会看到超长的下影线，但不能仅凭第一条影线就预测熊市将让位于牛市。这种情况需要再次确认。第二条蜡烛线把股价进一步拉到更低位，蜡烛线拥有超长的下影线，随后出现了价格向上跳空，表明下降趋势即将结束。

在区域2处，一条没有上影线的超长阳线骤然出现在迅猛下降的趋势之后。这种形态叫作平顶形态。如果长蜡烛线缺失上下影线或上下影线很短，就形成了典型的"光头光脚线形态"。需要特别注意超长的蜡烛线，尤其是在下降趋势之后的长蜡烛线，这是一个强烈的看涨信号。

区域3的现象很有趣，价格越来越低，并且阴线实体也越来越小，最后以十字线结束，紧接着就出现反转。

区域4的阳线是光头光脚线形态，这是一种趋势指示性非常强的信号，正如随后的价格趋势所示，IBM股价指数的确出现强劲的上涨。

这4个突出标记的区域都揭示了蜡烛线组合的重要性，并且清晰地标记出了每一个转折点，也确认了支撑线。如果将区域1、2、3组合起来视作微妙的倒头肩形态，交易者就会发现市场多次在下降趋势底部进行价格测试，但均未成功，之后价格开始反转上涨。这3个区域展示了蜡烛线组合在分析中的重要性。它确立了支撑线强度，也确认了一些西方技术分析方法中的指标（支撑线、头肩形态）有效性。

本书介绍上述分析方法的目的在于展示融合东西方分析方法的优势。交易者不仅仅能从蜡烛图中读取信息，得出结论，也能通过蜡烛线形态确定不同形态之间的相互呼应、相互确认的关系。交易者利用蜡烛图分析方法可以练就火眼金睛，从蜡烛图中轻松识别非常强烈的趋势指标，如支撑线测试、阻力线测试、头肩形态和其他众所周知的蜡烛线形态。不同蜡烛线形态之间相互确认，也让交易者能够准确预测价格的反转，使其看准交易时机的能力有所提升。

窗口

在西方分析方法中，最重要的指标之一就是价格跳空，跳空越大，信号性也就越强。在东方分析方法中，价格跳空被称为"窗口"，如图8.3所示。无论东西方分析方法如何对价格跳空命名，都指的是某个交易日收市价和下一个交易日开市价之间的价格缺口。

在最强烈的窗口形态中，不仅蜡烛线实体之间有跳空，影线之间也会出现跳空。换而言之，在接下来的几个交易日中，价格区间之间的跳空是显而易见的。

> 上升窗口（向上跳空），后一个交易日蜡烛线实体和影线价格范围都高于前一个交易日的价格区间。
> 下降窗口（向下跳空），后一个交易日蜡烛线实体和影线价格范围都低于前一个交易日的价格区间。

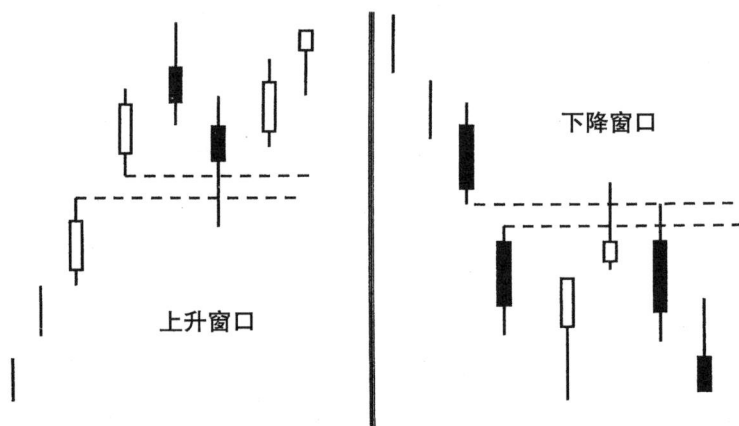

图 8.3　窗口

上升窗口和下降窗口

在大多数情况下，上升窗口一般是看涨形态，下降窗口一般是看跌形态。日本有个习惯的说法："市场价格朝着窗口方向前进。"但与此同时，当窗口出现时，价格趋势很可能戛然而止。对于窗口的信号指示性，也有很多不同的解释，这取决于窗口所处的位置、是否重复出现以及窗口的大小。

如图8.4所示，上升窗口出现后，先是横向移动，随后才开始上升趋势。

在窗口出现之后，阳线底部形成了新的支撑线，随后一系列较低的影线试图突破支撑线，但蜡烛线实体都没有低于窗口水平。这说明上升窗口对价格起到了一定的支撑作用。

图8.5清晰展示了下降窗口和上升窗口。下降窗口在短时间内形成了强有力的阻力线，上升窗口也在后期形成了新的支撑线。

下降窗口和上升窗口形成了明显的阻力线和支撑线，二者都是重要信号，预示着即将出现反转。基于价格区间本身的限

图 8.4　向上窗口 / 纳斯达克 100 指数 / 60 分钟线图

图 8.5　下降窗口和上升窗口 / 思科公司 / 日线图

制，它们进一步加强了头寸的安全性。

　　出现在窗口之前的蜡烛线实体如果异常狭小，则需要引起特别注意。当交易者看到蜡烛线实体异常变窄，甚至变成一个十字线形态，然后出现一个窗口（缺口），此时需要特别注意，这种形态有很强的信号性，如图8.6所示。

　　即使价格不会在窗口之后立即下跌，此种形态的信号性依然很强。在窗口之后，如果市场出现横向移动，通常是因为市场需要时间来消化窗口。在后期，价格是否会反转上升并填补窗口？或者在这种情况下，窗口形态是否仅仅暗示着卖方需要时间来确定窗口预示的走向？

　　如图8.7所示，窗口形态前的影线形成了潜在的阻力线。这个形态中的窗口至关重要，卖方力量需要多次测试阻力线，但最终没有形成突破，之后出现下跌的趋势。实际上，在窗口之

图 8.6 下降窗口 / 捷迪讯公司 / 60 分钟线图

图 8.7 窗口前的影线 / 亚马逊公司 / 5 分钟线图

后的第4个和第5个交易日，两条上影线就已测试阻力线，但没有形成突破，然后价格回落。这种形态就预示着下行在即，是一种强烈的信号形态。

在某些情况下，窗口形态预示的趋势强度比想象中要更加强烈。如图8.8所示，向下跳空之后出现一条超长的阴线，似乎预示着一种强烈的下降趋势。但在后续的交易日中，一些事态的发展可能会缓和下降趋势，并在此之后发生横向运动，而非直接暴跌。

有的指标信号具有误导性，即使是下降窗口和超长的阴线组合而成的形态具有很强的指示性，也不能百分之百预测出准确的交易时机。在窗口之后，阴线的顶端形成了新的阻力线。整个价格横向运动，并没有突破这条阻力线，最终价格一路下行。

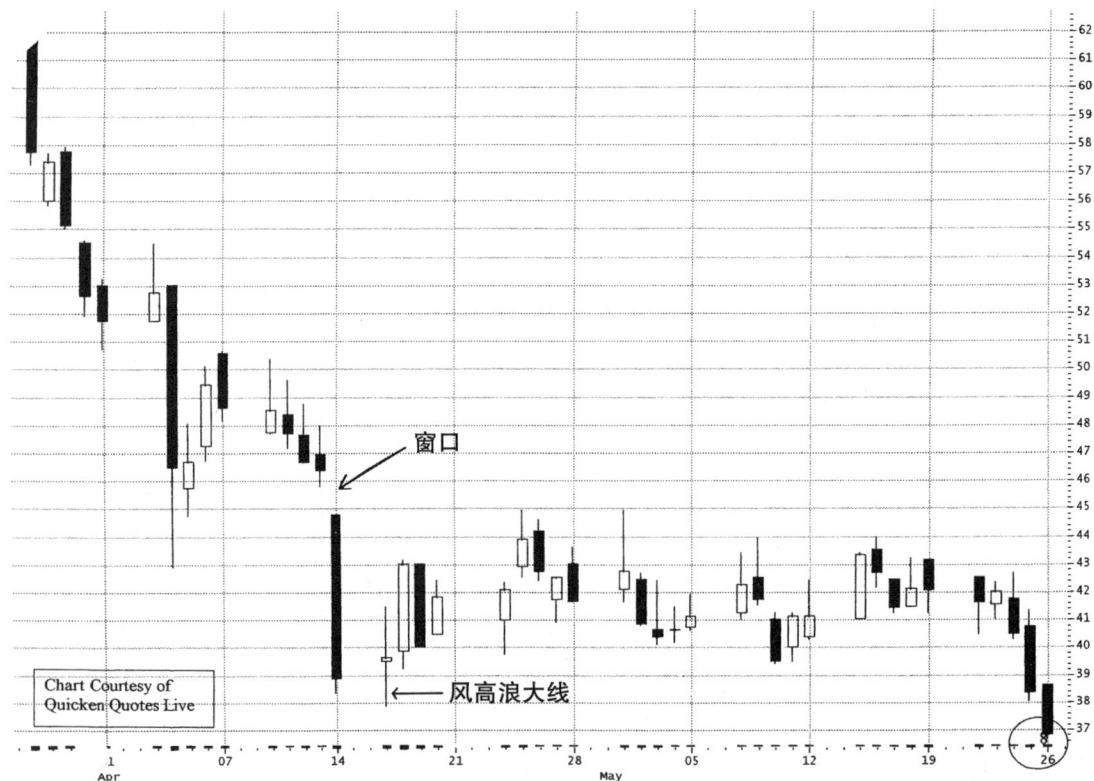

图 8.8　窗口和风高浪大线 / 2000 年 5 月 28 日日线图

窗口大小

　　非常重要的一点是，窗口的大小决定了当前价格趋势的强度，所以大窗口比小窗口预示趋势的强度更大。图8.9所示的案例非常典型，也非常有趣。窗口形态前的实体上影线似乎设定了新的支撑线。

　　窗口无论大小，通常都会设定新的交易价格区间。如图8.10所示，大窗口和小窗口设定了各自的价格区间。首先出现的是小窗口，预示着上升在即，也确立了支撑线，处于窗口后第一个交易日阳线的中间位置；之后出现的是大窗口，窗口形态前蜡烛线的下影线最低水平成了日后交易的阻力线。

　　如图8.11所示，下降窗口形态之前蜡烛线的下影线最低价格成了后续交易的阻力线，而且价格在下行前只进行了一次突破测试。

图 8.9　大窗口 / 日线图

图 8.10　小窗口和大窗口／芝加哥商品交易所标准普尔 500 指数／ 3 分钟线图

图 8.11　窗口设定阻力线／美国 INKT 公司／ 30 分钟线图

突破性缺口

　　窗口只要突破支撑线或阻力线，就具有了特殊的含义。这
可能意味着将要出现一个更强的趋势，并形成新的阻力线或
支撑线；或者是一次虚假性的突破尝试，将导致趋势反转或回
补跳空缺口。这种窗口形成的阻力线或支撑线，市场会进行多
次价格压力测试。这种窗口被西方分析师称为突破性缺口。

> 突破性缺口是价格高于阻力线或低于支撑线的跳空形态。

　　在图8.12中，价格两次突破阻力线继续上涨，而且都出现
了非常狭小的窗口（跳空），但上升的价格趋势表明：价格趋
势突破带来了新的支撑线，并且最终会成为新的阻力线。

图 8.12　突破性缺口/美国家得宝公司/日线图

如图8.13所示，交易者有时会观察到一个窗口后紧接着出现貌似反转下降的信号，然后是势头更强的延续形态。

窗口之后紧接着出现超长阴线的情况令人不安。然而，紧随其后的十字线透露了买卖双方之间的激烈斗争。多方最终胜出，因为十字线和两条超长的阳线之间出现了跳空，这是一个指示性非常强的向上信号。

如果某种价格趋势特别强劲，在测试支撑线或阻力线时，突破性缺口的信号性也可能会失灵。如图8.14所示，下降趋势强劲，窗口形成了新的阻力线。

如图8.14所示，下降趋势始于一个非常狭小的窗口，随后价格下降迅猛，以至于3次强劲地上跳，回补缺口都没能让价格回到以前的水平。请注意第一条阳线和第二条阳线之间巨大的

图 8.13　窗口、反转下降和持续形态 / 美国 Fred Meyer 公司 / 日线图

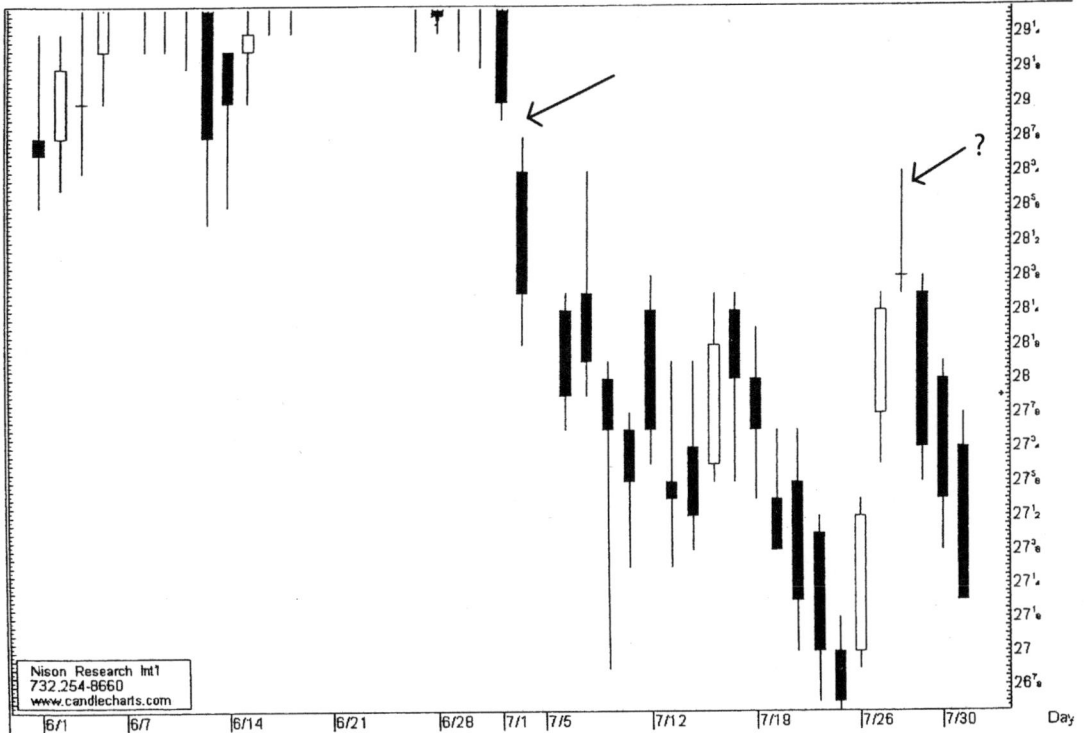

图 8.14　窗口作为虚假信号 / 美国迪士尼公司 / 日线图

窗口，然而到了第三条蜡烛线就已经上升乏力。十字线超长的上影线预示了下一个交易日会是下降趋势。

孤岛形态

　　如果孤岛形态和窗口同时出现，则是一种非常重要的组合。单条蜡烛线形成孤岛形态时，只有一条蜡烛线位于顶部，能够一眼就识别出来。但如果孤岛形态的前后缺口将三条蜡烛线隔绝分离，就需要特别注意，如图8.15所示。

　　孤岛形态前后出现的窗口虽然很狭小，但这是一个非常重要的指标。孤岛形态的第一个缺口被称为"衰竭缺口"，表明上升后继乏力，即将出现反转。

　　孤岛形态也预示着将不可避免地出现反转下行，第二个缺

图 8.15 孤岛形态的三条蜡烛线 / 吉列公司 / 日线图

口成了日后交易的阻力线。

> 衰竭缺口通常在当前趋势结束或接近结束时出现，是一种预示反转
> 的缺口信号。

　　有一点需要牢记，窗口形态易于识别，有着非常丰富的含义，通常可以判断新的阻力线或支撑线，甚至能确定当前趋势走向。和其他指示信号一样，窗口形态有一定的不确定性，在进行判断时需要三思而行。但总体上来看，窗口形态指示性非常清晰，读懂它们显示的信息也并非难事。

自测题

1. 交易三要素指的是（　　　　）。

　　a.反转信号后的三种可能结果：反转、延续或横向交易

　　b.市场中起作用的力量：供给和需求、经济新闻和投资者行为

　　c.交易的战略方法：东方分析法、西方分析法和资本保值

　　d.蜡烛线的形成对价格、成交量和动量的影响

2. 关于光头光脚线，下列说法正确的是（　　　　）。

　　a.没有上影线的蜡烛线

　　b.对阻力线的多次测试，但终未成功

　　c.只有下影的十字线形态

　　d.横向价格运动

3. 术语"窗口"是指（　　　　）。

　　a.在上涨趋势的高点或下跌趋势的低点的交易时机，也被称为

　　　"机会之窗"

　　b.从研究蜡烛线形态中，对价格行为的一种分析

　　c.价格跳空缺口

　　d.中间有两个或多个十字线形态的长蜡烛线形态

4. 关于突破性缺口，下列说法正确的是（　　　　）。

　　a.出现在价格反转直升或直降之后

　　b.当价格缺口高于阻力或低于支撑时发生

　　c.通常是一个可能出现反转或回填价格跳空的虚假信号

　　d.与窗口的形成正好相反

5. 关于衰竭缺口，下列说法正确的是（　　　　）。

　　a.标志着当前趋势延续而不是反转

　　b.回填价格跳空，出现在长蜡烛线之后

c.仅当它出现在两个或多个连续交易日时才有意义

d.在当前趋势结束或接近结束时出现

查询答案，请翻页至书末第210页。

第九章　解密支撑线和阻力线

大多数交易者在分析中仍青睐于使用西方技术分析方法，而非东方蜡烛图分析方法。这意味着他们的决策依然主要依靠头肩形态、三重顶形态、三重底形态、移动平均线等指标。他们即使利用蜡烛图进行分析，也依然是关注总体价格趋势，而忽视价格的日变化或变动趋势的强弱。

价格趋势线

东西方分析方法相辅相成，我相信在分析中二者能够相得益彰。在下文中，我将采用一个新的角度审视支撑线和阻力线。如图9.1所示，这是一个价格变化的典型案例，交易者能够依靠趋势线去观察价格的高低变化是如何联系在一起的。即便支撑线和阻力线并非一成不变，依靠趋势线也依然能追踪变幻莫测的阻力线和支撑线。

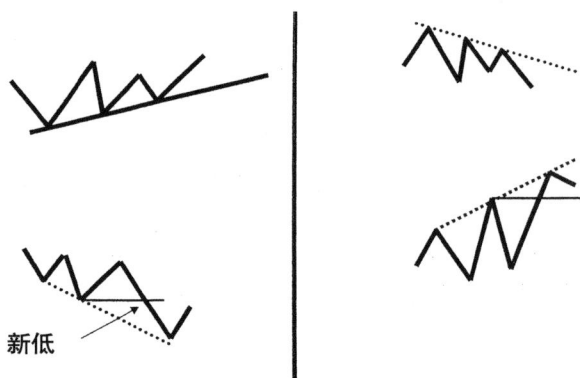

新低

图 9.1　支撑线和阻力线

> 趋势线是一条向上或向下的价格线，明确了动态变化的支撑水平或阻力水平，通常需要连接3个以上价格极值点来构造形成。

　　构建趋势线至少要连接3个价格极值点，为确定短期趋势奠定了基础。趋势线能帮助交易者看清未来支撑水平或阻力水平的情况。图9.2显示了利用趋势线来正确分析价格趋势的方法。

　　下降趋势线不断延伸，说明此时价格要么在以较慢的速度下降，要么价格正在测试支撑线。如图9.2所示，在下降趋势底部出现的刺透形态，是非常明显的看涨信号，预示着止跌看涨。

　　价格趋势线使下降支撑线更加清晰明了，当然交易者期望的每一种趋势也都会结束。刺透形态标志着下降趋势的结束，止跌看涨，紧接着出现向上跳空。下降趋势支撑线指明了价格变动方向；同理，上升趋势阻力线也指明了价格趋势的未来走向，如图9.3所示。

　　在由一系列阳线表示的强劲上涨之后出现阴线，就是趋势结束、开始反转的信号。交易者知道，在上升趋势线的指引下，一旦出现阴线，就是采取措施的时机了。即使可能失去一些收益，当反转出现时，仍然也可以迅速采取行动，从上升趋势中获得大部分收益。

图 9.2　下降趋势线 / 亚马逊公司 / 日线图

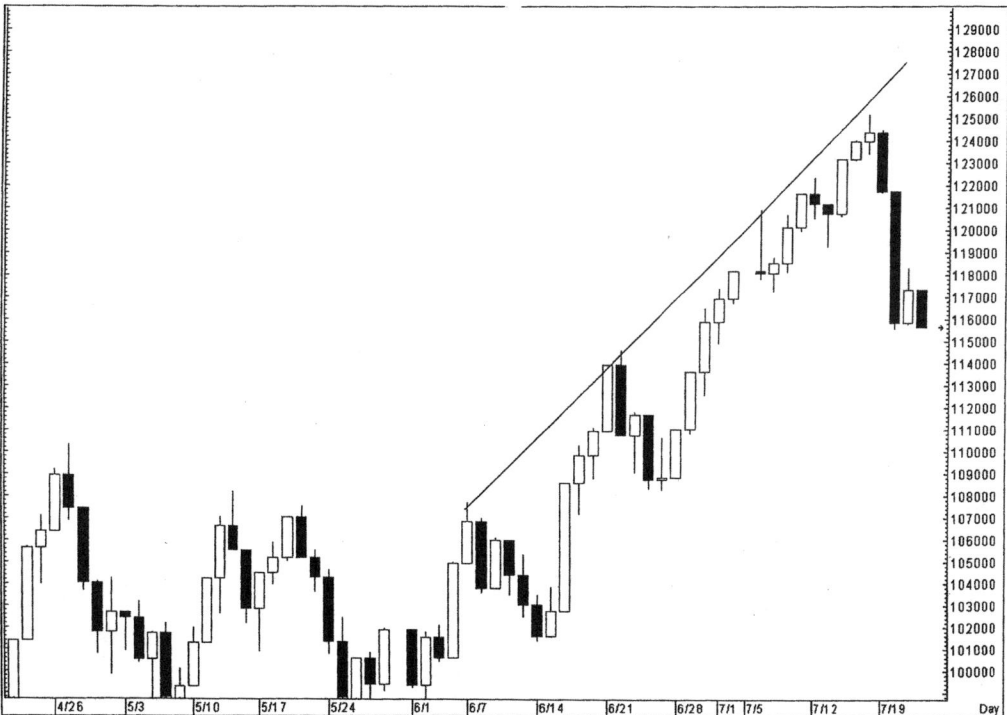

图 9.3　上升趋势阻力线 / 美国证券交易所 M.S. Hi-tech 公司 / 日线图

在上升趋势的顶部，往往会清晰地出现一些预示性的蜡烛线形态。如图9.4所示，在上升趋势的顶部清晰地出现了看跌吞没形态，就是一个止涨看跌的信号。

图9.3和图9.4所示案例中的上升趋势十分相似，不同之处在于，二者是否显示了反转信号。在上升趋势顶部的看跌吞没形态好比一面红旗，醒目可见，是止涨看跌的信号。在趋势强劲上升时，需要基于反转信号来确定退出多头仓位（或建立空头仓位）的时机。

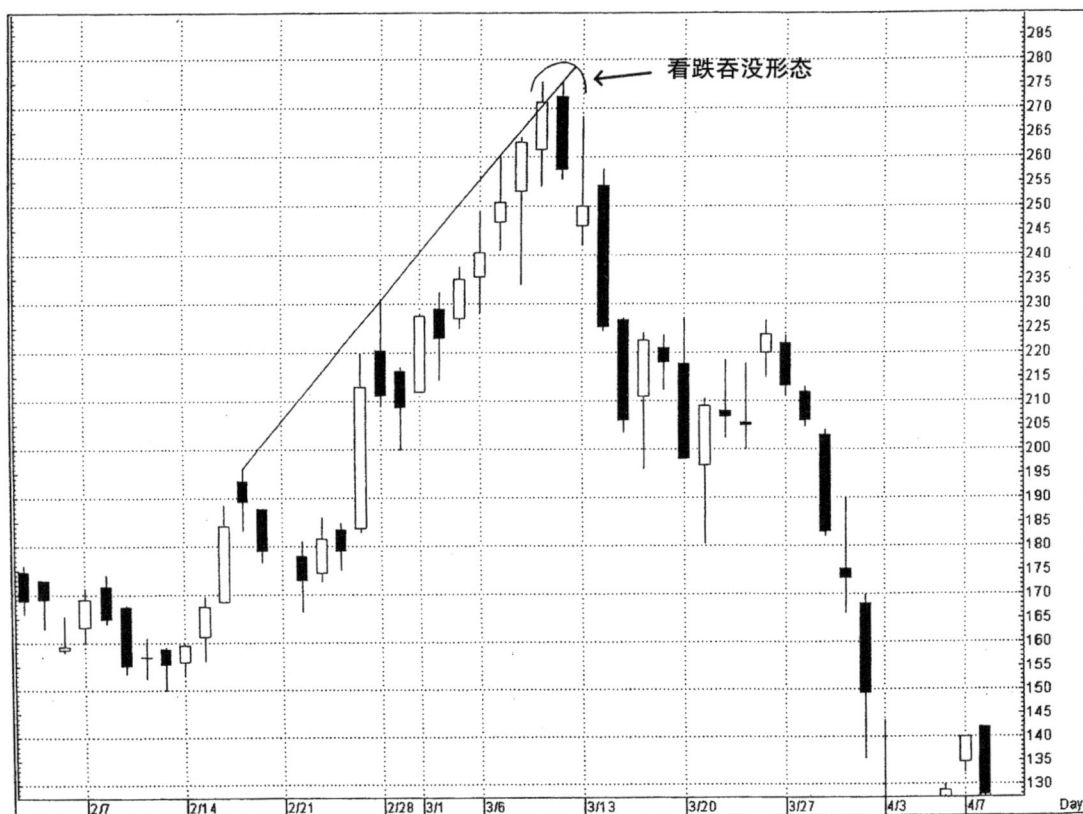

图 9.4　看跌吞没形态 / CMRC 公司 / 日线图

多维时间框架图表

下文将讲解同一家公司用不同时间框架图表（日线图和周线图）的分析要略。图9.5是美国西屋电气公司的两张蜡烛图，显示了看跌吞没形态和上升阻力线的指示性功能。

使用不同时间框架图表能让交易者获取更多信息。无论使用何种时间框架图表，都适用相同的规则，但交易者可以从特定的图中看出更多的细节信息。在右侧周线图中，上升阻力线到达36.5水平附近，所以我预计价格趋势即将反转下降。然后我切换到用日线图进行研究，发现在上升趋势中该时段出现了看跌吞没形态。这进一步确认了我的判断，上升趋势即将反转并开始下降。

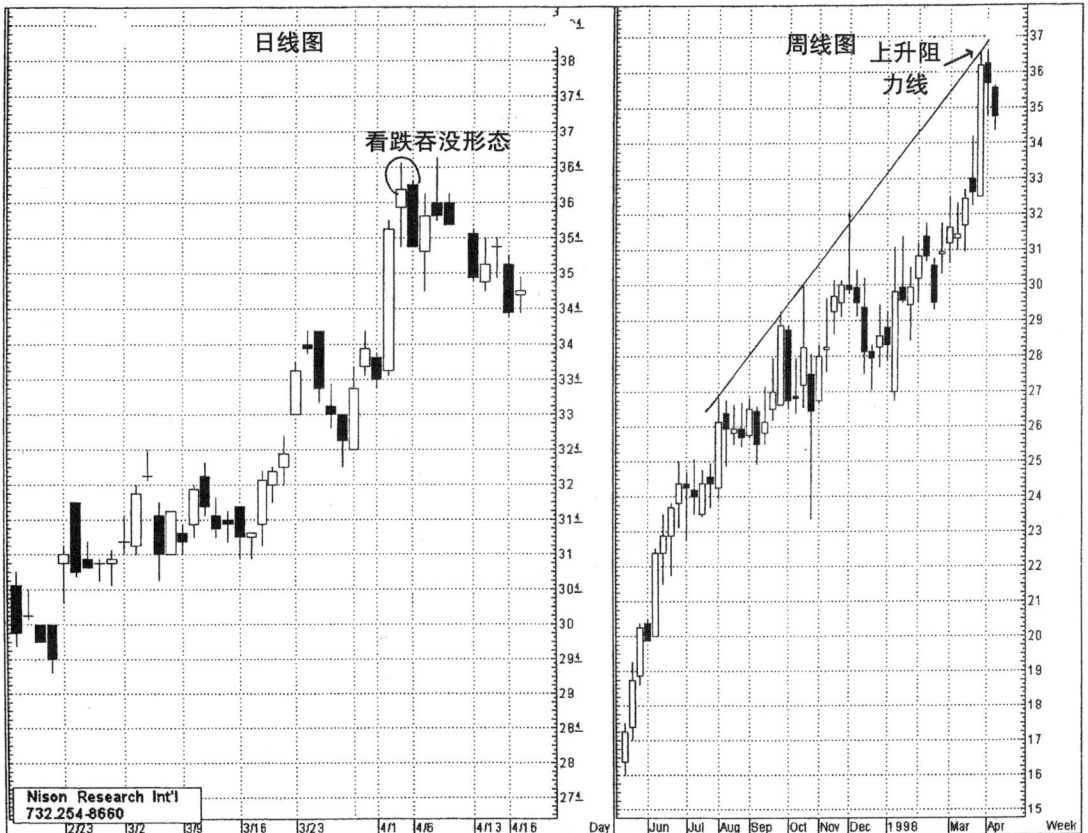

图9.5 日线图的看跌吞没形态和周线图的上升阻力线／美国西屋电气公司

极性转换原则

支撑线和阻力线都界定了价格范围，二者的角色也可以进行互换。了解二者的关系，能让交易者更容易洞悉蜡烛图中隐藏的信息。交易者如果等到价格趋势突破支撑线或阻力线时才开始采取行动，或许就为时已晚了。利用本书中所介绍的分析方法，我将支撑线和阻力线的相互转换称为极性转换。如果价格跌破支撑线，原先的支撑线在新的交易时段就会成为新的阻力线，反之亦然。支撑线和阻力线相互转换的关系如图9.6所示。

价格突破阻力线或支撑线，二者之间可以相互转换。如图9.7所示，我在蜡烛图中标记了支撑线（阻力线）。这个典型的案例能清晰展示价格突破阻力线后成了新的支撑线。

有一点必须铭记在心，尽管当前交易趋势方向不明，但趋势会在未来时段逐渐明朗。如果交易者按照本书中讲解的方法分析蜡烛图趋势，就能很容易看清支撑线和阻力线相互转换的时机和机制。

如果图中没有出现清晰的阻力线，那么寻找新的支撑线就有些困难。如果交易者仔细比对原先的阻力线和新的支撑线，二者的关系就会一目了然。

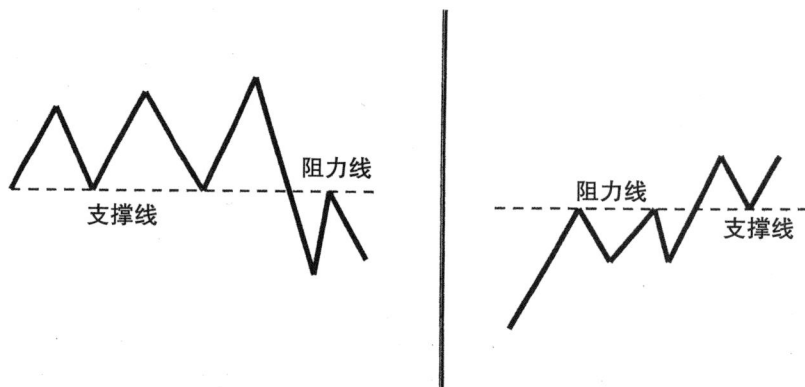

图 9.6　支撑线和阻力线角色互换

图 9.7　极性转换 / 美国麦可莱齐报业集团 / 日线图

如图9.8所示，在整整一个月内，已经清晰地形成一条阻力线。一旦价格突破阻力线，这条线就会立即变成新的支撑线。

如图9.9所示，随着极性转换，价格趋势会发生有趣的反转。图中标记了双蜡烛线形态，是一个明显的看涨吞没形态，而之后价格却是横向运动，然后开始下跌。其中原因何在？难道看涨形态不是预示价格上升吗？其实在大多数情况下，看涨吞没形态是价格上升的信号，但是在极性转换的背景下，却不是这样。如果交易者在图中的标记点买入，原先的支撑线就会变为新的阻力线，价格不升反跌。这种情况，按照西方分析方法解释，就是价格下降或者极性转换中阻力线遏制了东方分析方法中看涨吞没形态的上升动力。正如后期的交易显示，原先的支撑线变成了新的阻力线，之后每天的蜡烛线实体都在变

图 9.8　极性转换 / 日线图

图 9.9　极性转换和整体分析图 / 30 分钟线图

小，直到出现持续的阴线。在本例中，看涨吞没形态是一个误
导性的信号，极性转换预示着趋势开始下跌。如果没有图中标
记的那条线，很难看出未来的价格趋势。

图9.10所示的案例展示了一个更加复杂且微妙的价格趋势
形态，其中不仅包含了极性转换，还有其他蜡烛线形态。请注
意图中支撑线变成了阻力线，乌云盖顶形态测试了原先的支撑
线（新的阻力线），确认了极性转换，表明下降趋势即将来
临。所以极性转换是确认价格趋势的可靠信号。如果没有这条
线，就很难预测价格趋势。乌云盖顶形态之前的价格下跌现象
极具迷惑性，很容易让交易者做出错误的判断。

对比不同时间段的蜡烛图，交易者就能更清晰地察觉到极
性转换。例如，交易者在日线图（见图9.11）上能清晰看出支

图 9.10 极性转换：以蜡烛线确认阻力线或支撑线 / 15分钟线图

图 9.11　日线图极性转换 / 纽约商品交易所天然气期货

撑线到阻力线的极性转换，但在15分钟蜡烛图（见图9.12）上就很难察觉这一点。

对比图9.11和图9.12就能一眼看出，同样的价格趋势在日线图和15分钟蜡烛图上显示的结果差别很大。在图9.12中，可以明显看到连续3个交易时段价格遭到阻力线压制，导致前两个交易时段的收市价和第三个交易时段的开市价都相同。图9.11显示了支撑线和阻力线的极性转换。图9.12清晰地显示了上升趋势顶部和价格趋势的反转。

图9.13中标记出来的阻力线在连续几个交易日内都保持强劲状态，价格多次进行试探直至最终突破，形成了新的支撑线。然而在这个案例中，新的支撑线被证明是一个失败的突破，并且又快速形成一条新的阻力线。

图 9.12 15分钟蜡烛图极性转换/纽约商品交易所天然气期货

图 9.13 极性转换——阻力线/标准普尔 500 指数/日线图

如图9.14，支撑线是一条水平线，显示了下降趋势中的支撑水平，价格跌破支撑线并下降得更厉害。下降趋势势头强劲，期间略有小幅回升，但整体趋势是大幅下降的。

极性转换为交易者提供了一个全新角度去研究支撑线和阻力线，显示了支撑线和阻力线相互转换的条件和影响，证明了价格在不同交易区间并非不受过去的交易模式的限制。此外，利用趋势线来研究支撑线和阻力线，交易者一旦掌握了其中的秘诀，就会发现蜡烛线形态进一步确认了支撑线、阻力线的作用。

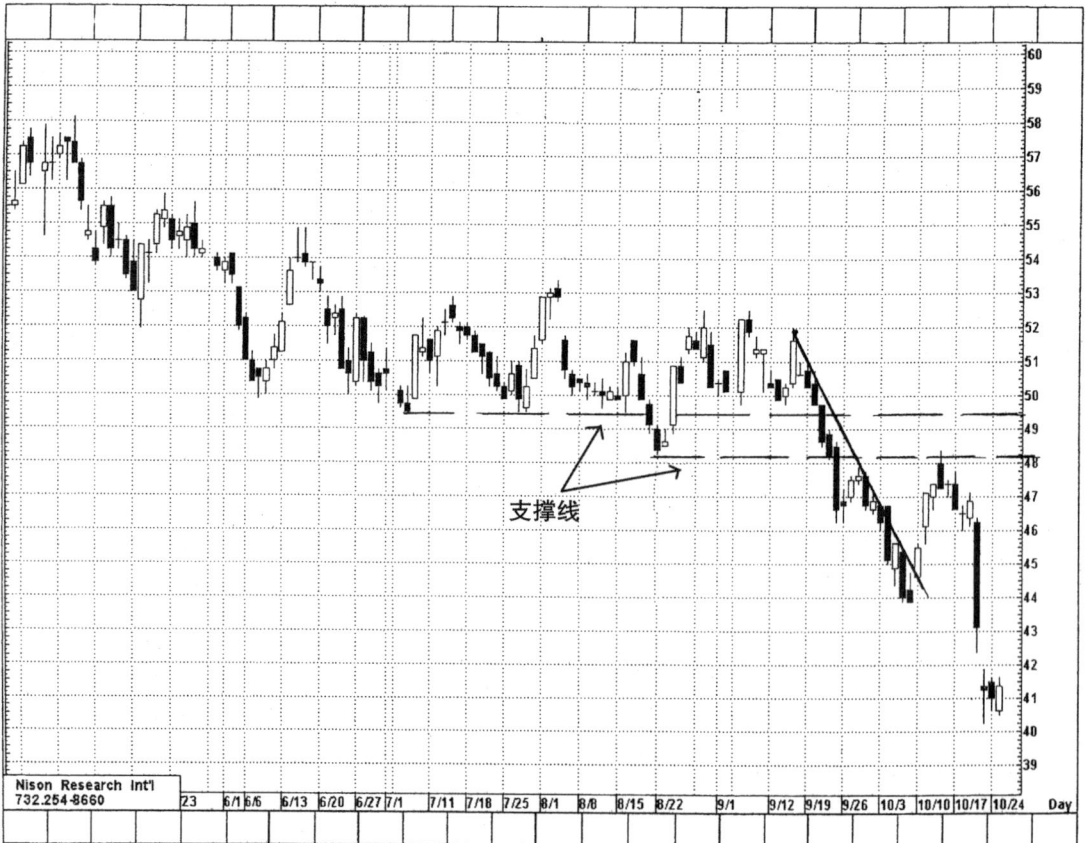

图 9.14 支撑线 / 美国通用汽车 / 日线图

自测题

1. 趋势线显示了（　　　）。

    a.基于蜡烛线实体的变化，当前价格趋势的相对强度

    b.一系列阴线或阳线，出现异色蜡烛线就表示结束

    c.移动支撑线或阻力线

    d.出现价格横向移动时，价格变动疲软或变动范围减小

2. 关于刺透形态，下列说法正确的是（　　　）。

    a.标志着当前趋势的结束

    b.是当前趋势的延续模式

    c.当前趋势线从阻力线边缘回落或下降到支撑线后上升时出现

    d.是吞没形态的别称

3. 关于极性转换，下列说法正确的是（　　　）。

    a.在一系列蜡烛线之后，出现异色蜡烛线时发生极性转换

    b.是以误导性反转信号为标志的延续形态

    c.意味着原先的支撑线变成新的阻力线，或者原先的阻力线变成
      新的支撑线

    d.是由两条移动平均线的交叉点来标记的

4. 极性的改变有助于识别以下哪种信息（　　　）。

    a.潜在的误导性信号，例如看涨信号出现在新的阻力线

    b.交易区间的变化

    c.反转点，也可能明确和确认蜡烛线形态的信号

    d.以上所有选项

5. 在使用不同时间维度的蜡烛图比较相同的价格趋势时，下列说法正
  确的是（　　　）。

    a.能看清当前的趋势或反转信号

b.可能与其他指向明确的指标相矛盾

c.使交易者更加难以把握反转的时机

d.以上所有选项

查询答案，请翻页至书末第210页。

第十章　更多支撑线和阻力线形态解析

破低反涨形态和破高反跌形态

对于支撑线和阻力线的研究，不能仅着眼于价格区间的边界，而应该利用蜡烛线的形态进行验证，这样交易者就会注意到很多价格即将突破的警示性信号。美国经济分析师理查德·威克夫最早提出了破低反涨形态和破高反跌形态，二者能显示价格趋势强弱的影响和作用。破低反涨形态和破高反跌形态如图10.1所示。

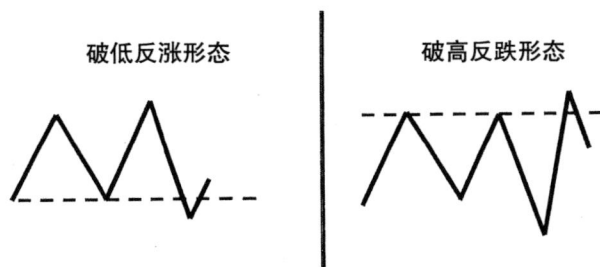

图 10.1　破低反涨形态和破高反跌形态

> 破低反涨形态是一种价格跌破支撑线后反弹上涨的形态。

价格在试探支撑线后，未能维持在支撑线水平以下，反而随即反弹上升，这种现象被称为"破低反涨形态"。从字面上就能看出，价格在跌破支撑线后反而上涨。

如图10.2所示，同时出现了锤子线形态和破低反涨形态。在这种情况下，在锤子线价格最低点之后出现了一个较为强劲的向上跳空，表明价格下行失败。该最低点也在锤子线形态的实体底部或其附近形成了支撑线，所以价格在支撑线水平上迅速上升。

如图10.3所示，是一种典型的破低反涨形态，通常会形成

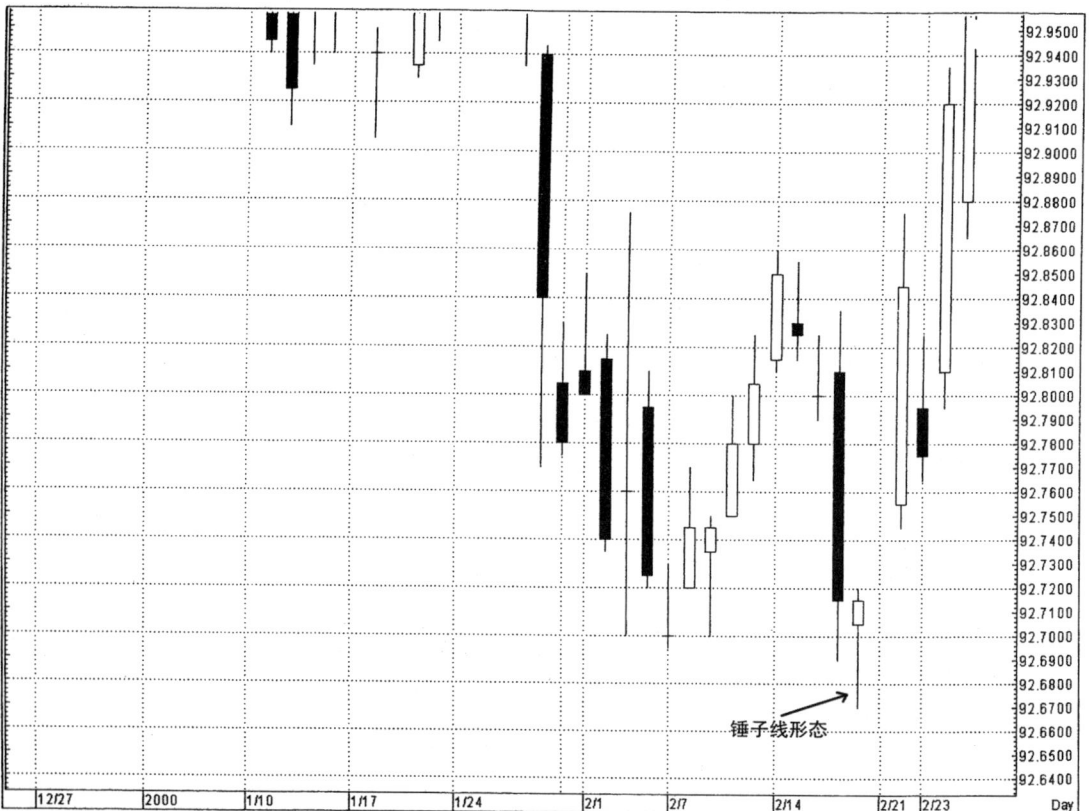

图 10.2　锤子线形态和破低反涨形态／国际货币市场的欧洲美元／日线图

图 10.3 破低反涨形态 / 鸿基实业有限公司 / 日线图

一条新的支撑线。图中的破低反涨形态和后期出现的价格趋势
共同确认了支撑线。

　　和破低反涨形态相反，破高反跌形态是一种价格突破阻力
线后，回落到原先的价格区间的形态。

破高反跌形态是一种价格上升突破阻力线后反转向下的形态。

　　如图10.4所示，可以清晰地看出看跌吞没形态形成了阻力
线，在两个交易日后出现的十字线形态的上影线试图突破阻力
线，但未能成功。大约两个星期后，价格再次试探阻力线，但

图 10.4　看跌吞没形态和破高反跌形态 / 美国博通公司 / 日线图

在当日上涨超过阻力线的仅仅是上影线部分。纵观整个过程，请注意价格突破阻力线后随即下降到原先的价格区间。该图显示了破高反跌形态的作用过程。

　　在蜡烛图中，交易者可能会多次看到这种情况：只有上升趋势中蜡烛线的上影线突破阻力线，并且在上涨过程中，买方力量试图继续推高价格的尝试以失败告终。图10.5显示了另外一种情况，蜡烛图中出现了第一阻力线和第二阻力线。图中小实体的上影线和破高反跌形态共同确认了第二阻力线。

　　如图10.6所示，东西方技术分析方法能相互结合，相得益彰。图中的价格在一个新的高点收盘，随即出现预示反转的警示性信号和看跌吞没形态，之后出现明显的上涨，到后来又出现了另一个警示性信号。

图 10.5　第一和第二阻力线 / 美国思科系统公司 / 日线图

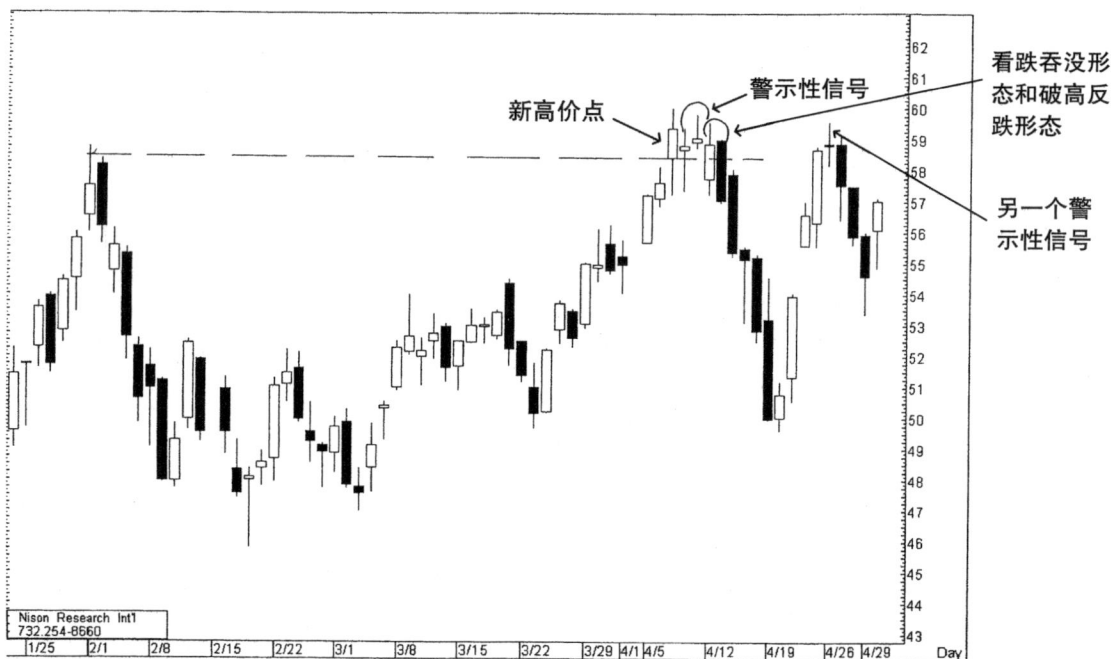

图 10.6　东西方分析方法 / 美国思科系统公司 / 日线图

移动平均线

本章讲解的另一个重要指标是移动平均线，和支撑线、阻力线共同发挥作用。如何计算出移动平均线并非重点，因为在交易者使用的图表中基本都有计算好的移动平均线。本部分重点讲解利用移动平均线和蜡烛图进行分析的方法。

如图10.7所示，趋势指标、移动平均线与支撑线、阻力线之间的关系是移动平均线的两个重要方面。

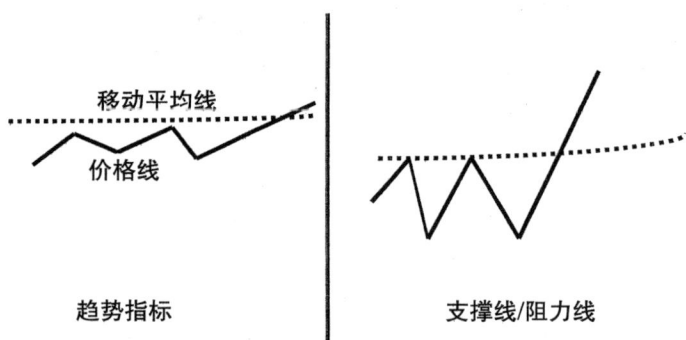

图 10.7　移动平均线

移动平均线（MA）是多个时段的价格平均值，用于显示和预测未来的价格变动趋势。

移动平均线被视为非常重要的趋势信号。当价格一直低于移动平均线而向上移动，或者价格一直高于移动平均线而向下移动时，价格突破移动平均线的这种现象是非常强烈的信号，表明趋势即将发生变化，反转即将到来。

价格突破移动平均线是预示反转的可靠信号。如图10.8所示，价格持续高于移动平均线，但突然价格下跌。价格在下跌之前就突破了移动平均线，所以二者的交叉点就是交易者进场和出场的信号。价格在3月13日接近趋势顶部而未下降，交易者应该在此时敏锐地抓住时机，采取相关措施。

图 10.8　移动平均线 / 美迪西斯制药公司 / 日线图

　　移动平均线的时间跨度包括30天、150天和200天。我个人喜欢使用较短的5日均线。利用价格趋势和移动平均线的交点进行分析的方法，在股票或期货市场的蜡烛图中依然屡试不爽。移动平均线也会建立支撑线或阻力线。如图10.9所示，移动平均线和支撑线上升趋势一致。在接近尾声时，似乎正在形成下降趋势，锤子线形态确定了价格上升。移动平均线也确认了价格支撑线的作用。

　　当移动平均线和价格差别不大时，就会看到二者有很多交叉点。在这种情况下，移动平均线并不准确，所以还需要其他蜡烛线形态以进行确认。如图10.10所示，当价格下降，价格低于移动平均线时，出现了两种情况，随即出现反转——一是价

图 10.9　移动平均线——锤子线 / 美国 AGX 公司 / 日线图

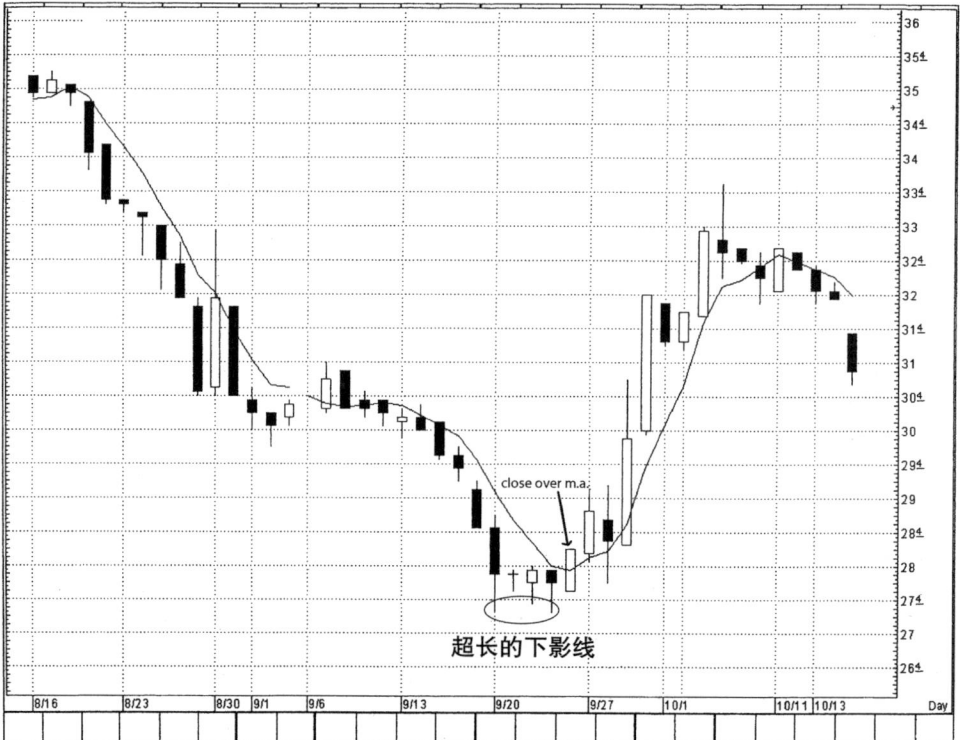

图 10.10　移动平均线 / 美国伊顿万斯公司 / 日线图

格高于移动平均线，二是反复出现的超长的下影线证明卖方没
有力量将价格进一步拉低。

　　移动平均线可能成为支撑线或阻力线，但需要其他的蜡烛
线形态作为反转信号。移动平均线透露的信号并不是百分之百
准确。如图10.11所示，可以从图中清晰看到支撑线保持了一段
时间，然后价格向下跌破支撑线，出现向下跳空和持续下降趋
势。在这种情况下，当价格接近移动平均线时，可以通过之前
的价格下跌来预测交叉点出现的时机。

图 10.11　移动平均线作为支撑线 / 沃尔玛公司 / 日线图

突放巨量

分析移动平均线能获得很多有用的信息。在分析支撑线和阻力线时，交易者能观察到的另一个重要信号就是突放巨量。当交易量超过平均值，特别是持续多日的横盘中突放巨量时，通常是价格大幅波动的信号。

如图10.12所示的蜡烛图突放巨量。请注意下降趋势底部延伸出超长的下影线，就其本身而言，并不意味着即将出现反转。然而，异常出现的突放巨量是个强烈的反转信号，说明卖方力量未能拉低价格，下跌势头后继乏力。

突放巨量之后的走势远非一种咆哮式的上升趋势。实际上，它的走势相对较弱，横向移动多于向上移动。图10.13则显

图 10.12　突放巨量／康宁公司／60分钟线图

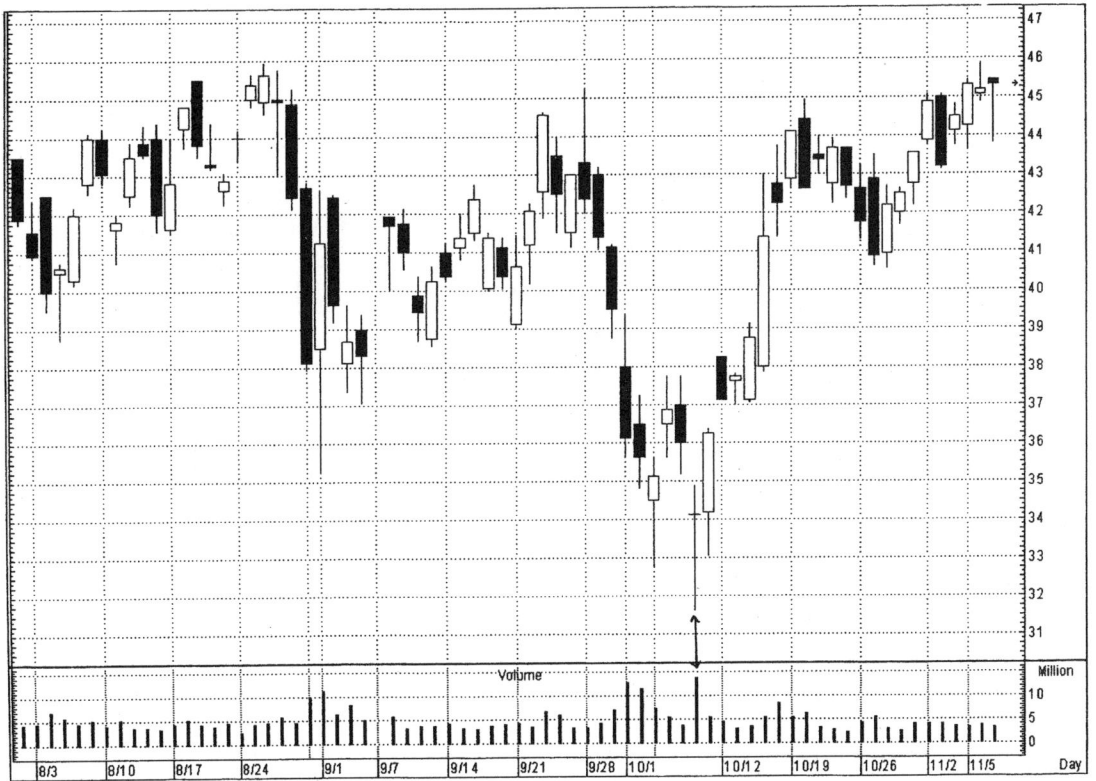

图 10.13　窄幅横盘中的突放巨量 / 美国家得宝公司 / 日线图

示了成交量峰值以及窄幅日（NRD）的结合如何更具说服力。
十字线形态出现在高成交量的交易日最终形成了一个窄幅日，
并且随后就开启了非常强劲的上升趋势。

　　成交量指标通常比较微妙。如图10.14所示，在突放巨量之
后是一条大阳线，再之后是短暂的上涨，随即又反转下跌。请
注意趋势底部的蜡烛线的下影线很长，之后价格走高。在上升
趋势顶部的阳线和十字线形态的上影线共同确认了阻力线。在
同一个交易日，突放巨量也确认了阻力线。不出所料，价格随
后回落。

　　如图10.15所示，价格在图中标记之处测试了支撑线，此时
成交量上升但没有到峰值。随后，价格再次测试这一水平的支
撑线，但以失败告终。

图 10.14 突放巨量与十字线形态／美国伊顿范思公司／日线图

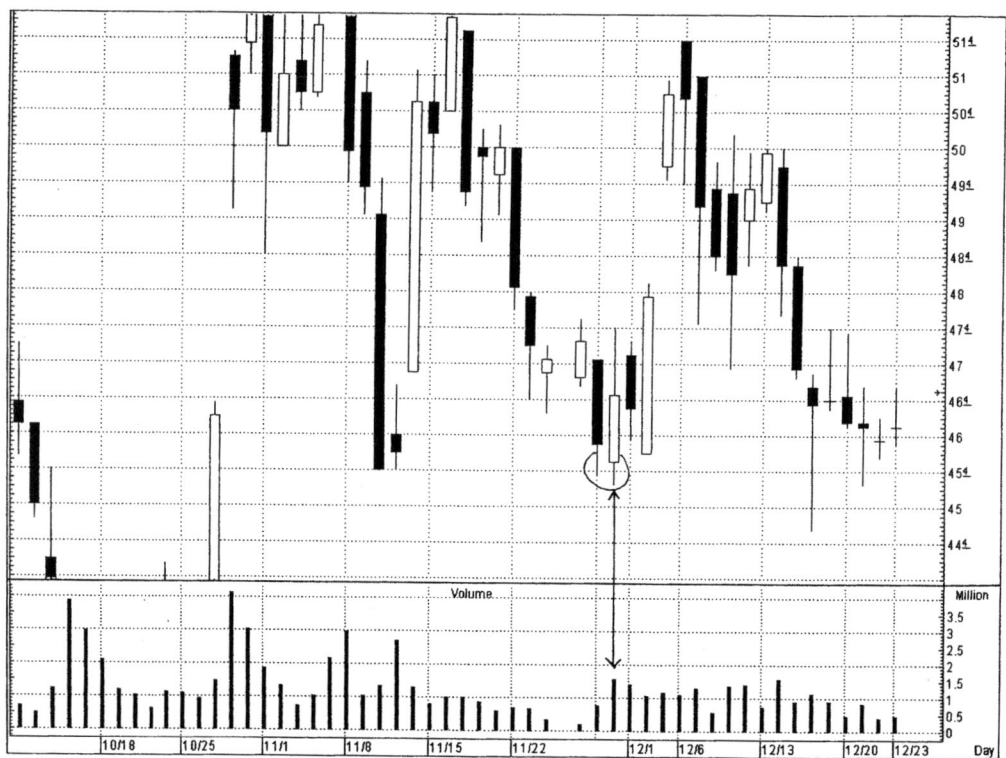

图 10.15 交易量／美国第一金融资本公司／日线图

　　成交量是一个非常有趣的指标：虽然成交量很重要，但不能仅凭成交量就下定论，还需要考虑其他指标。成交量骤减或骤增都需要特别注意。如图10.16所示，趋势顶部出现突放巨量，但也未能突破阻力线，价格随即下跌。

　　如图10.17所示，当特定蜡烛线形态（如跳空）出现时突放巨量，这就是一个异常强烈的趋势信号。经过一段时间的横盘交易，交易量激增，价格跳空上涨。

　　如图10.18所示，随着交易量增加，下降趋势也越来越强，并出现一个抛售高潮。然而，这类信号不足以让交易者采取行动，因为价格的下行趋势仍在继续。图中向上跳空引导着趋势上升，交易者可以立即确认并采取行动，其他信号对此进行了

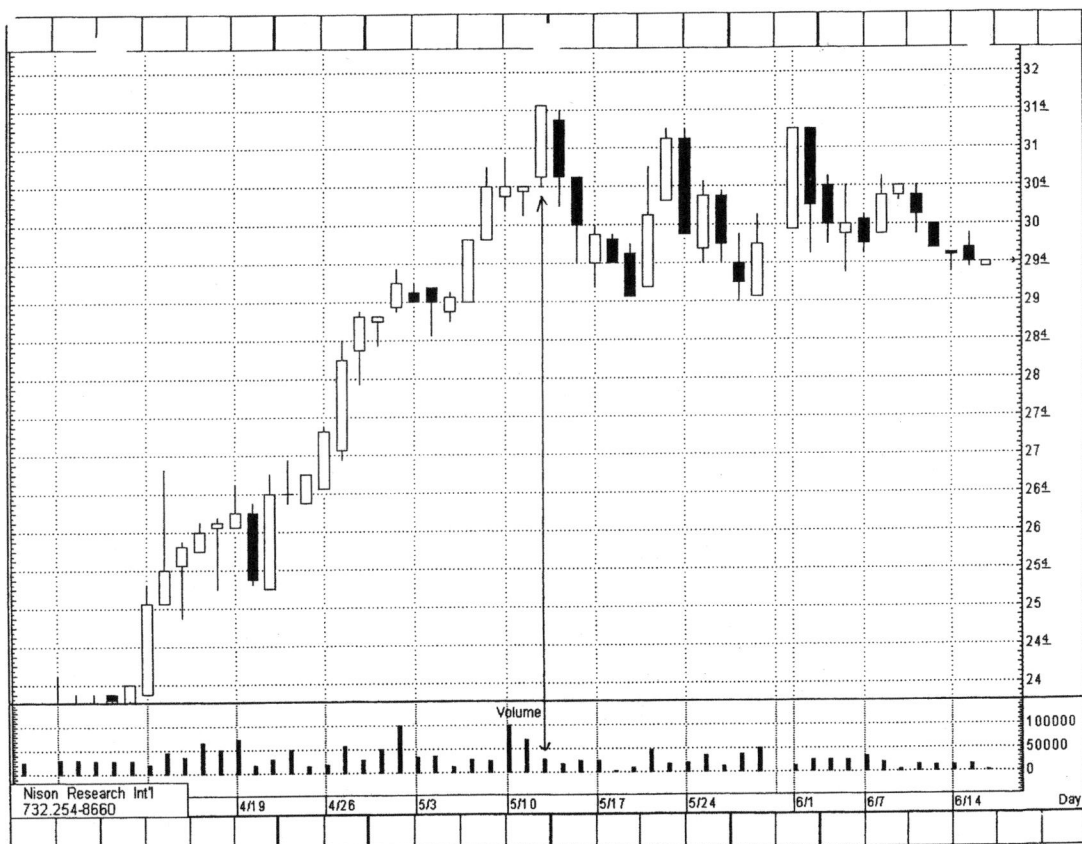

图 10.16　美国运通国际公司 / 日线图

图 10.17　巨量跳空 / 美国微软公司 / 日线图

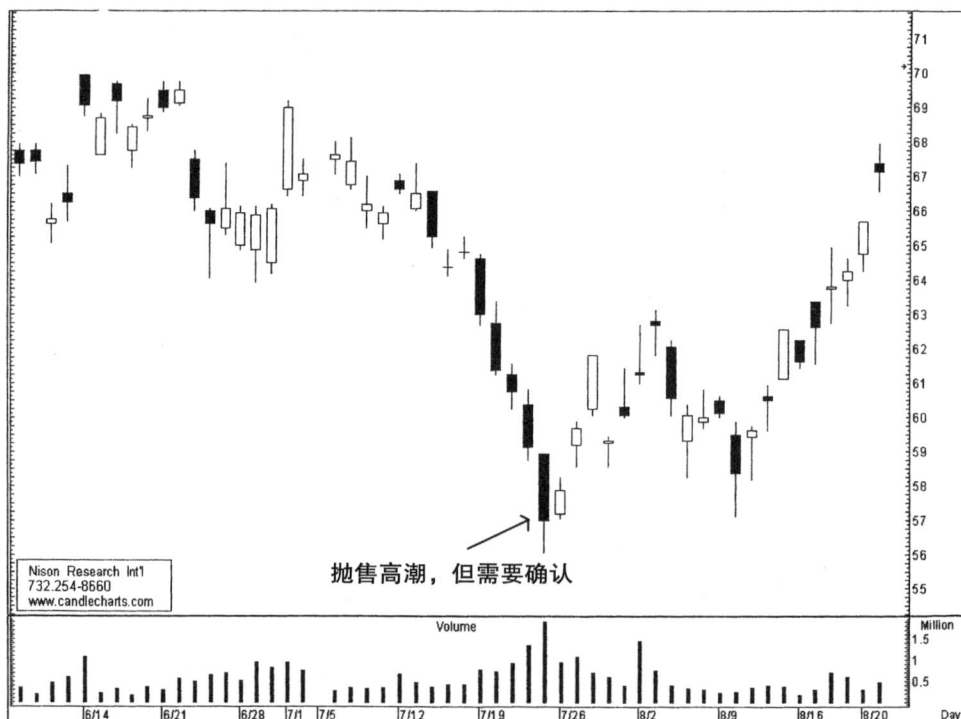

图 10.18　抛售高潮 / 美国史克必成公司 / 日线图

确认，随即出现的下降趋势未能跌破支撑线，继而转为上升趋势。

　　东西方分析方法共同为识别并确认形态提供了便利，使得分析更加清晰、准确。对支撑线和阻力线的简单分析是一个很好的起点，但它通常会在价格突破支撑线或阻力线时带来趋势的变化。基于蜡烛线确认的形态也能帮助交易者识别新的支撑线、阻力线和反转。

自测题

1. 关于破低反涨形态，下列说法正确的是（　　　　）。

    a.价格在支撑线以下或阻力线以上运行，然后立即反弹到既定价格区间的价格模式

    b.突破阻力，建立新的交易价格区间

    c.价格在支撑线下方移动，随后上升

    d.价格在既定的价格区间内来回波动的运行趋势

2. 关于破高反跌形态，下列说法正确的是（　　　　）。

    a.价格在支撑线以下或阻力线以上运行，然后立即反弹到既定价格区间的价格模式

    b.突破阻力，建立新的交易区间

    c.价格在阻力线上方移动，随后下降

    d.价格在既定的价格区间内来回波动的运行趋势

3. 移动平均线的作用在于（　　　　）。

    a.跟踪均线以上或以下的价格

    b.识别价格与移动平均线的交叉点，预测价格反转

    c.找到价格和移动平均线接近或相交的时机

    d.以上所有选项

4. 趋势指标是指（　　　　）。

    a.移动平均线继续在高于或低于当前价格范围移动时的强度

    b.价格和移动平均线的交点

    c.蜡烛线形态的延续模式

    d.一系列颜色相同的蜡烛线

5. 突放巨量是一个重要的确认指标，尤其是在以下（　　　）情况中。

　　a.交易量水平保持不变，蜡烛线实体增长

　　b.出现十字线形态时突放巨量，预示着反转即将到来

　　c.3个或更多连续交易日中出现超长的蜡烛线

　　d.以上所有选项

　　查询答案，请翻页至书末第210页。

第十一章　价格回撤和相互背离

价格回撤

自古常言道，没有不变的常态。几乎所有交易者都知道，没有任何一种趋势可以永远持续下去。但当价格趋势发生逆转时，它也并不总是会抹去前几个交易日的所有走势。这种股价走势更像是一种趋势的回撤，即对之前走势进行特定百分比的修正。

如图11.1所示，价格从A点运动到B点，随后回撤了先前总涨幅的32.8%。这里显示的百分比属于裴波那契数列，被分析人员广泛用于市场分析。裴波那契数列如下所示：

1　1　2　3　5　8　13　21　34　55　89

如果我必须选择一个回撤值作为标准的话，它将是50%。换言之，我预计会观察到一个大约为50%的回撤。因此，如果一个趋势上涨了18个点，我丝毫不会惊讶看到它回撤了50%或9个点。如图11.2所示，即便价格从A点下跌到B点，也并没有明

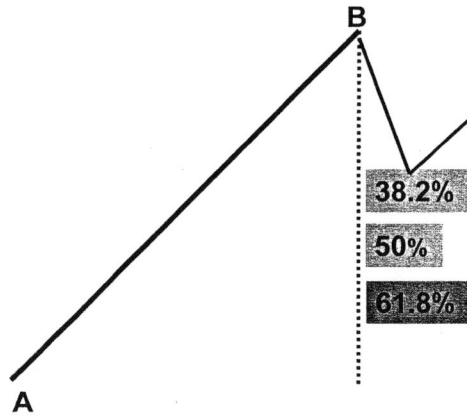

图 11.1　回撤水平线

显迹象显示此处形成了新的阻力线。

　　图11.2中所示50%的回撤水平线大概在863点附近，因为价格变动区间是907点到819点（907−819=88），变动区间回落50%，

图 11.2　回撤水平线／日线图

则为44点（88×50%=44），所以最终价格水平是819+44=863。

> 斐波那契数列是在一个值域中的递增值的递增值，数列从第3项开始，每一项都等于前两项之和。

　　回撤设定了后续价格变动的临界点。一个价格趋势可能会先朝一个方向移动，随后回撤到你预期的一个水平（我通常预期50%的回撤），然后恢复到原有的趋势。图11.3给出了一个典型的例子。

　　经过分析计算，A点到B点价格差的50%是23.25个点。在回撤的底部，交易者可以观察到空头正在失去对市场的控制。请特别注意其中蜡烛线的超长下影线和两条阳线之间的价格

图 11.3　回撤水平 / 美国艺达思集团 / 日线图

跳空。

如图11.4所示，价格的回撤同样形成了新的阻力线和支撑线。A点、B点和C点形成了经常重复确认的阻力线。当价格下跌然后反弹时，我预期能在A点、B点和C点看到新的支撑线。请注意，从点1到点2的价格涨幅和回撤50%后的价格水平，对应的正是A点、B点和C点所形成的支撑线。此处看涨吞没形态透露给交易者3个重要的点：新的支撑线、50%的价格回撤和新上升趋势的开始。

价格回撤是非常有价值的确认信号，能够确认价格趋势中新的支撑线和阻力线。

图 11.4　50% 回撤 / 美国毕马时公司 / 周线图

振荡指标

　　另一种重要的技术指标是振荡指标。交易者通常使用的振荡指标很多，包括随机指数、MACD指数（相互验证／相互背离价格移动平均线）、RSI指标（相对强弱指数）和WSI指标（财富指数）等系列指标。这些指标都旨在量化价格趋势，以便用于跟踪和识别出现相互背离形态的时机，以及超买、超卖的情况。

　　图11.5总结了振荡指标的优势。无论是识别价格趋势的初始变化，还是确认蜡烛线形态，振荡指标都起到了重要作用。

⮑ **相互背离**

⮑ **超买／超卖**

图 11.5　振荡指标信号

价格相互背离

　　振荡指标的第一部分是关于背离形态的研究。背离形态可分为正向背离和负向背离，和其他蜡烛图形态配合使用，能用于确认价格趋势，是一种良好的辅助工具。在研究图表时，交易者可以在图表顶部看到价格变动，在图标底部看到振荡指标。背离形态是正向的还是负向的，与价格趋势是看涨还是看跌趋势有关。简言之，相互背离形态是价格趋势的运动方向与技术指标所预测的走向背离。

　　图11.6显示了典型的相互背离形态，分为看涨和看跌两种类型。

> 相互背离是价格运动的趋势与技术指标所预测的走势相反。

　　如图11.7所示，每当价格到达新低时，价格的上涨便会发生，但振荡指标已经预测了这一上升趋势。价格跌至新低，但与此同时，价格移动平均振荡指数却在上升。

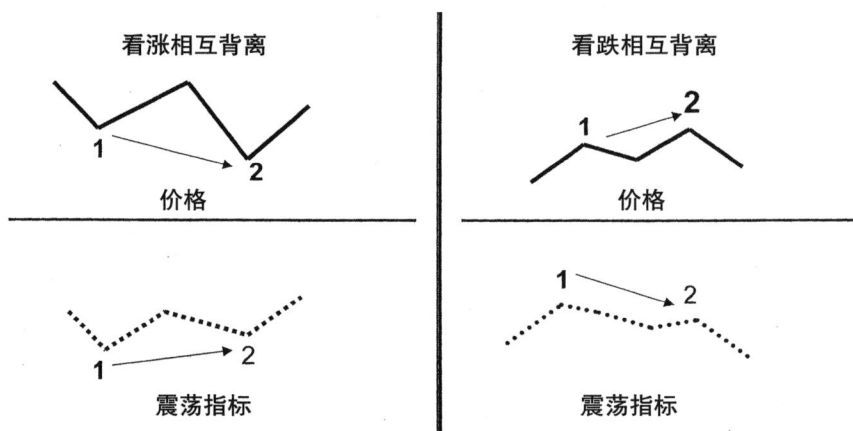

图 11.6 相互背离指标

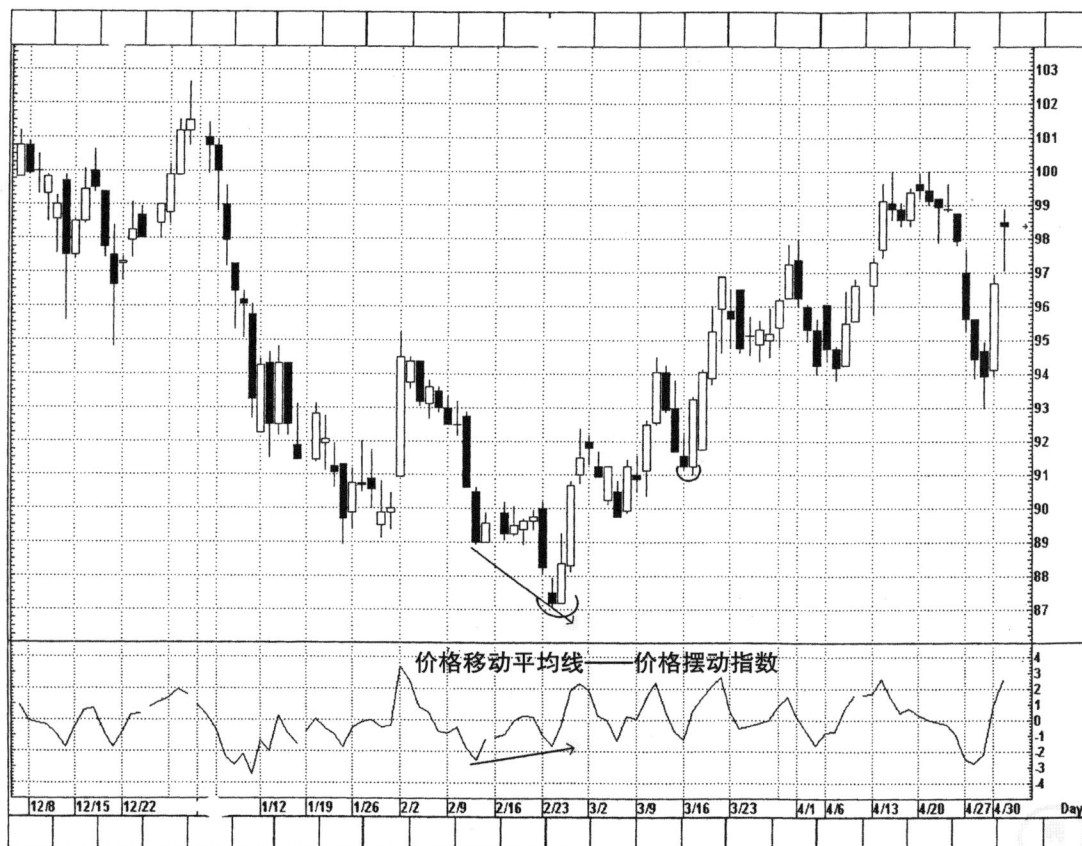

图 11.7 看涨相互背离 / 美国陶氏化学公司 / 日线图

在这种情况下，交易者必须要注意振荡指标，因为尽管相
互背离是相互矛盾的，但其的确预示了未来价格趋势的某种变

化。因为移动平均线包含多个时段的价格情况，所以可以更加
精确地预判价格趋势。如果市场内部疲软，交易者可能会观察
到价格振荡指标和价格同向发展，只是这种情况并未在这个例
子中展现。

　　上述原理也适用于负向相互背离（或看跌相互背离）。看
跌背离是指当价格趋势上涨时，价格振荡指标却预示下跌的情
况。图11.8提供了一个随机指数的案例。

> 随机指数是一种衡量价格摆动的动量指标，通过将单个交易日的
> 收市价与多个交易日的价格区间进行比较，显示价格趋势的支撑
> 力量。

图11.8　看跌相互背离指标——随机指数/斯伦贝谢公司/日线图

蜡烛线的形态最终揭示了上升趋势的顶点，但随机指数在趋势到达顶点之前就开始出现背离趋势了——这就是关注价格相互背离的意义所在了。

如图11.9所示，如果将价格趋势和相对强弱指数进行比较，就能清晰识别出形成看跌背离形态的条件。

> 相对强弱指数是一个比较盈亏大小的动量指标，用于识别量化超买、超卖情况。

在价格开始下降后，价格和相对强弱指数都会下降，但需要注意相对强弱指数先于价格出现反转。同样，相对强弱指数先于价格到达顶部再下降，这表明这个振荡指标很可能在价格

图 11.9　看跌相互背离 / 美国艾博森公司 / 日线图

趋势发生变化前就发生了变化。

　　振荡指标通常在价格趋势反转前的一两个交易日发生变化。这就需要交易者看准时机，适时采取行动。图11.10就显示了这个过程，其中涉及了价格和移动平均线的比较。

　　请注意，振荡指标的指数在价格下跌前的一个交易日急转直下，直至跌到负值区域。这就是价格趋势即将反转的早期警示信号，而这之后价格趋势的确发生了反转。山雨欲来风满楼，相互背离形态就像暴风雨来临之前的乌云，预示着未来价格趋势的变化，而后期蜡烛线的反转形态也确认了趋势的反转。图11.10中还显示了价格下降趋势最低点和振荡指标指数的关系，进一步确认了价格的整体趋势。

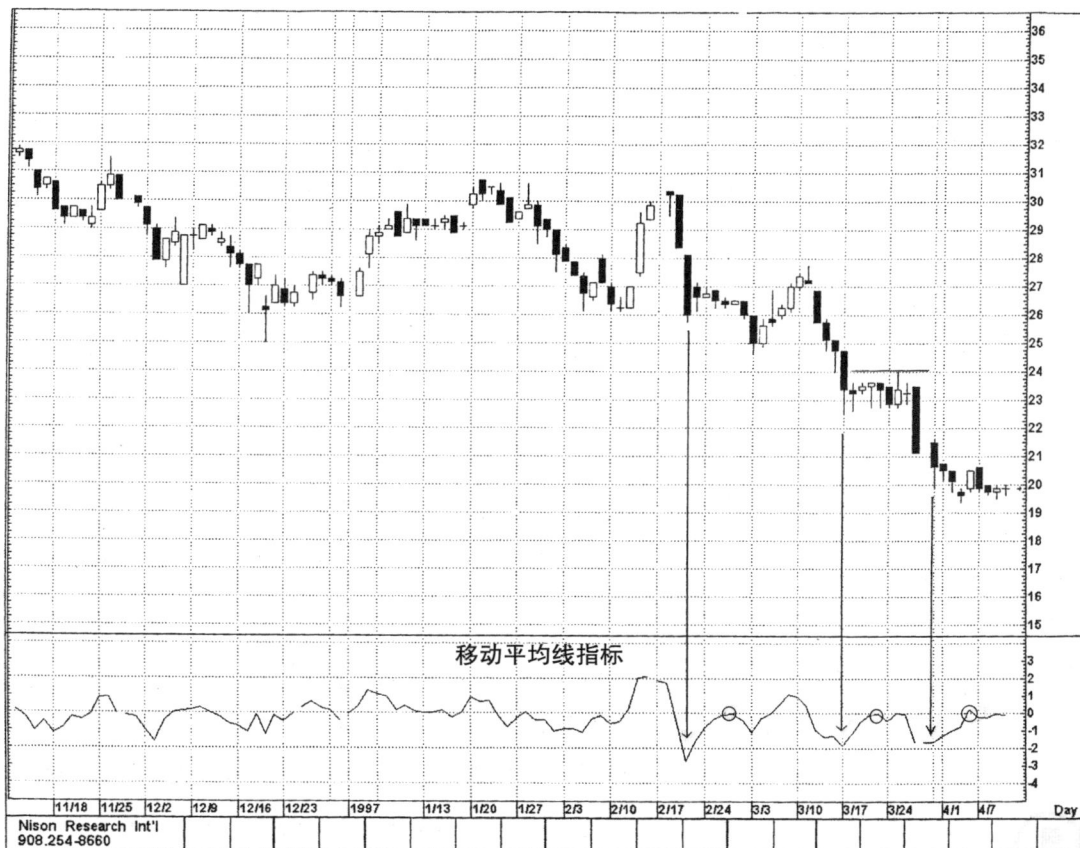

图 11.10　超买或超卖情况相对强弱指数／日线图

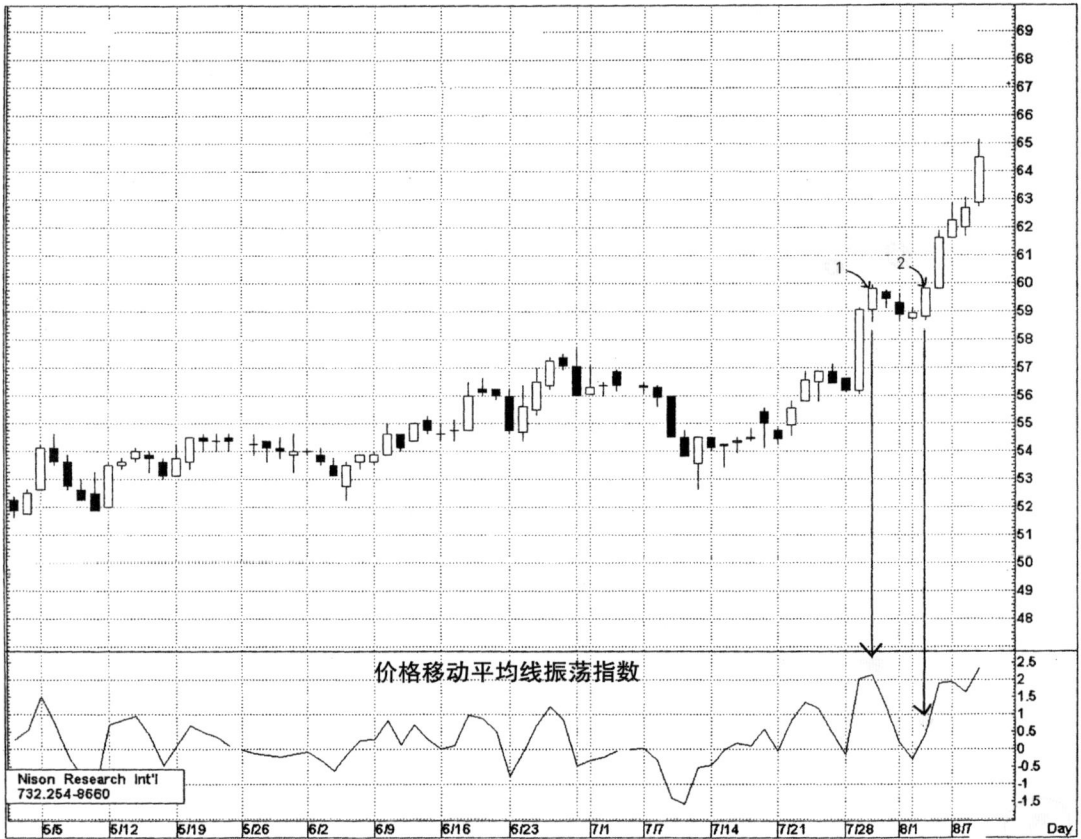

图 11.11　价格移动平均线振荡指数——何处价格更加稳健？／美国坦迪公司／日线图

　　对振荡指标和价格进行分析是一种确定价格趋势强弱的好方法，甚至可以确认支撑线和阻力线。如图11.11所示，请注意突出标记的两个价格点之间的差异，二者虽处在相同价位，但哪一个标记点的股票价格更加稳健？

　　在图中价格点1处，价格和振荡指数都在上升。当然，此时形势扑朔迷离，不可轻易下结论，交易者还无法知晓价格是否会下降，不过事实上价格移动平均线似乎预示着价格继续上升的趋势。在价格点2处，价格处于更高水平，虽然已恢复到和点1相同的价格水平，但也意味着下降趋势可能还在持续。与此同时，价格移动平均线和价格趋势相互背离，预示着价格趋势即将反转。

　　如果当前出现超买或超卖现象，振荡指数就会和价格趋势背离，也预示着未来价格趋势将要发生变化。这种情况大多发生在价格趋势反转之前，或伴随着一个明确的价格转折点出现，如图11.12中的超买或超卖现象。在此分析中，我引入了振荡指标才确认了上述的分析结果。

　　如图11.12所示，请注意价格趋势和价格移动平均线的比较。价格点1和2被特殊标记出来，价格点1有着超长的上影线，表明买方试图推升价格，但以失败告终，继而价格持续走低。与此同时，价格平均线见顶并开始下跌。这种触顶现象确认了价格上升乏力。

　　在价格点2处，看跌吞没形态预示着价格趋势的反转和下

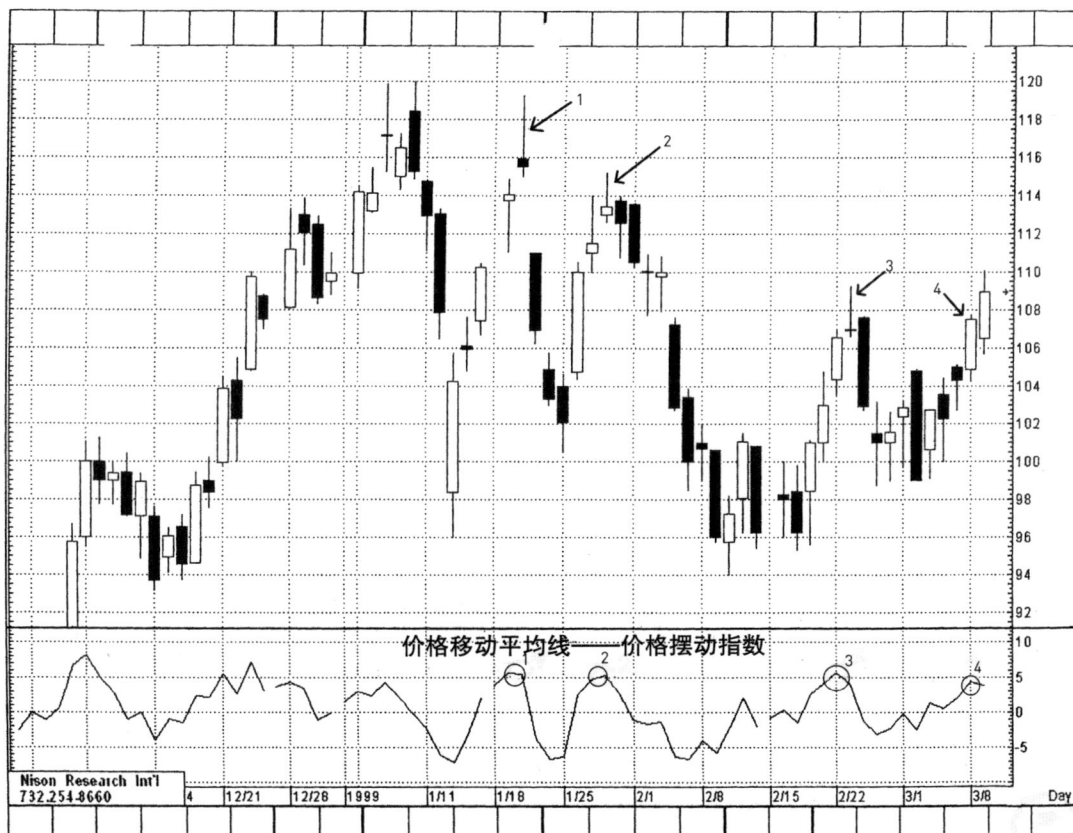

图 11.12　价格趋势线和价格移动平均线 / 日线图

跌、振荡指数将触顶并转而下行。在价格点3处，又出现了类似的价格和振荡指数的变化——价格移动平均线到达峰值，然后下跌。在价格点4处，价格上升，但请注意振荡指数再次出现在最高点。这属于相互背离吗？很有可能属于价格相互背离，但交易者可能需要一两个，甚至更多个交易日才能确认，因为还没有具体的蜡烛线反转形态可以确认价格趋势即将发生反转。

振荡指标真正的价值在于其能对价格趋势和蜡烛线形态进行更有价值的确认，是东西方分析方法的完美结合。有时蜡烛线形态不能百分之百准确预测或确认价格反转，甚至等到价格真正出现反转时，一切都为时已晚。振荡指标作为早期预示性信号，能让交易者见微知著，预测未来几个交易日的价格趋势。

自测题

1. 价格回撤指的是（　　　）。

　　a.价格在一段时间内以重复的模式移动，并复制过去的价格趋势

　　b.价格趋势完全反转，回到起始价格

　　c.一种蜡烛线形态，预测价格在既定趋势的方向运动，是一种延续模式

　　d.与价格趋势方向相反的价格修正，占总移动区间的一定的百分比

2. 斐波纳契数列是技术分析中公认的形式。关于它说法正确的是（　　　）。

　　a.从第3项开始，后一项等于前两项之和的数列

　　b.价格趋势反转，经过数学计算后可以精确到十分位数值

　　c.价格和价格移动平均线（或其他价格摆动指数）之间的百分比变化很接近，在统计上可以进行预测

　　d.基于移动平均线的预测结果

3. 关于振荡指标，下列说法正确的是（　　　）。

　　a.根据长期价格移动平均线和对相互验证和相互背离的分析，确认每种情况下的价格变动

　　b.预示价格趋势，确定相互背离或超买／超卖条件

　　c.分析价格平均线和相对强弱之间的相关性

　　d.显示了价格波动和交易量趋势的关系

4. 关于相互背离形态，下列说法正确的是（　　　）。

　　a.当蜡烛线实体之间出现跳空或窗口时，连续几个交易日之间的价格差

　　b.价格的运动方向与振荡指标预测的方向相反

　　c.看涨和看跌趋势之间的转换

　　d.缩小或扩大价格区间

5．RSI指数指的是（　　　）。

a.相关股票指数

b.集合猛增

c.相对强弱指数

d.反应激增

查询答案，请翻页至书末第210页。

第十二章　头肩形态分析

西方的技术分析方法中常见的蜡烛线形态还有头肩形态。如图12.1所示，价格呈强烈上升趋势，然后价格发生初次下跌，是为左肩；价格下降触碰到支撑线后随即反弹，上升到更高位超过左肩水平后下降，是为头部；价格再次下降触碰支撑线后反弹上升，上升水平无法超过头部和左肩，然后开始下

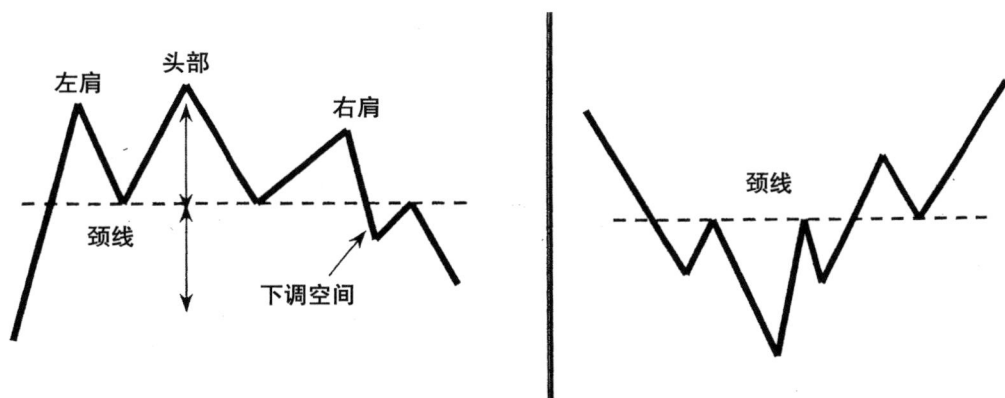

图 12.1　头肩形态示意图

降，是为右肩。这种形态被称为头肩顶形态。与之相对应，左肩先跌后升，头部跌破左肩水平后会升至左肩附近；右肩下降幅度较小，之后反弹回升，这种形态被称为头肩底形态。

在头肩顶形态中，两次价格低点的连线，或在头肩底形态中两次反弹价格高点的连线，均被称为颈线。其定义了价格回调的范围。如果价格跌破（或上涨突破）颈线，交易量就会猛增。

如图12.2所示，能清晰看出典型的头肩形态。这是分析中重要的蜡烛线形态之一，东方称为"三佛顶形态"。同理，头肩底形态的别称是"三佛底形态"。

图 12.2　传统头肩形态（"三佛顶形态"）/ 美国大通曼哈顿银行 / 日线图

东方技术分析中的"三佛顶形态"即头肩顶形态。

　　头肩顶形态中两个价格低点的连线成了支撑线，也就是颈线。当价格跌破颈线后，又成了价格新的阻力线。

　　如图12.3所示，在头肩顶形态中，下降的颈线还可能转化为新的阻力线。

　　在图12.3中，左肩涨幅较小，后期头部和右肩的变化幅度也不大。无论在头肩顶形态的什么阶段，交易者都能在蜡烛图中找到不易被察觉的信息，以预判反转出现的时机。如图12.4所示，价格向上跳空，上涨势头迅猛但后续乏力，头肩形态预示着价格即将回落。请注意图中的右肩上升部位，蜡烛线实体

图12.3　头肩形态中的下降颈线 / 准一周年振荡 / 15分钟线图

图 12.4　头肩形态预测价格回落 / 美国费城半导体指数 / 60 分钟线图

在不断缩小，最终出现十字线形态，价格随即下跌并突破颈线水平。

　　上述规律同样也适用于头肩底形态。图12.5中康柏公司的蜡烛图就表现得尤为典型，东西方分析方法相得益彰，不约而同地显示了同样的结果。

　　和头肩顶形态相反，图12.5中所示头肩底形态的颈线呈上升趋势，其中肩部之后在价格顶部出现十字线形态——这是一个强烈的反转信号。不出所料，价格随即发生反转，并回落到颈线附近。如图12.6所示，道琼斯指数显示了头肩形态的另一个特征——只有价格跌破颈线，才能确立头肩形态，否则不能成为头肩形态。如果价格一直保持在支撑线以上，交易者就不能轻易卖出；而一旦价格突破支撑线，头肩形态便得以确立。

　　图12.7所示案例拓展了图12.6所示案例的内容。如果价格没有跌破头肩形态的颈线，又会有怎样的后果？如图12.7所

图 12.5 东西方分析方法中的指标／康柏公司／日线图

图 12.6 头肩形态中价格回落到颈线附近／道琼斯工业指数／日线图

图 12.7　虚假看跌信号 / 道琼斯工业指数 / 日线图

示，价格未能突破颈线，支撑线得以继续发挥作用，价格反弹上升。

　　因此，这充分说明，在缺乏明确信号以做出确认时，交易者必须对图中已显示的信号进行审慎的分析。将头肩形态和价格移动平均线联合起来进行分析是明智之举，有助于交易者识别正确的指标信号，并确定价格和移动平均线之间是否存在相互验证关系。如图12.8所示，价格移动平均线始终高于价格线。即使在价格大跌之后，二者的关系依旧没有发生改变。

　　如图12.9所示，图中标记的A点价格平均线一直处于高位，在B点价格测试支撑线未能成功，而设立一个新的支撑线后便恢复到支撑线以上。这种模式并非典型的头肩底形态，但价格

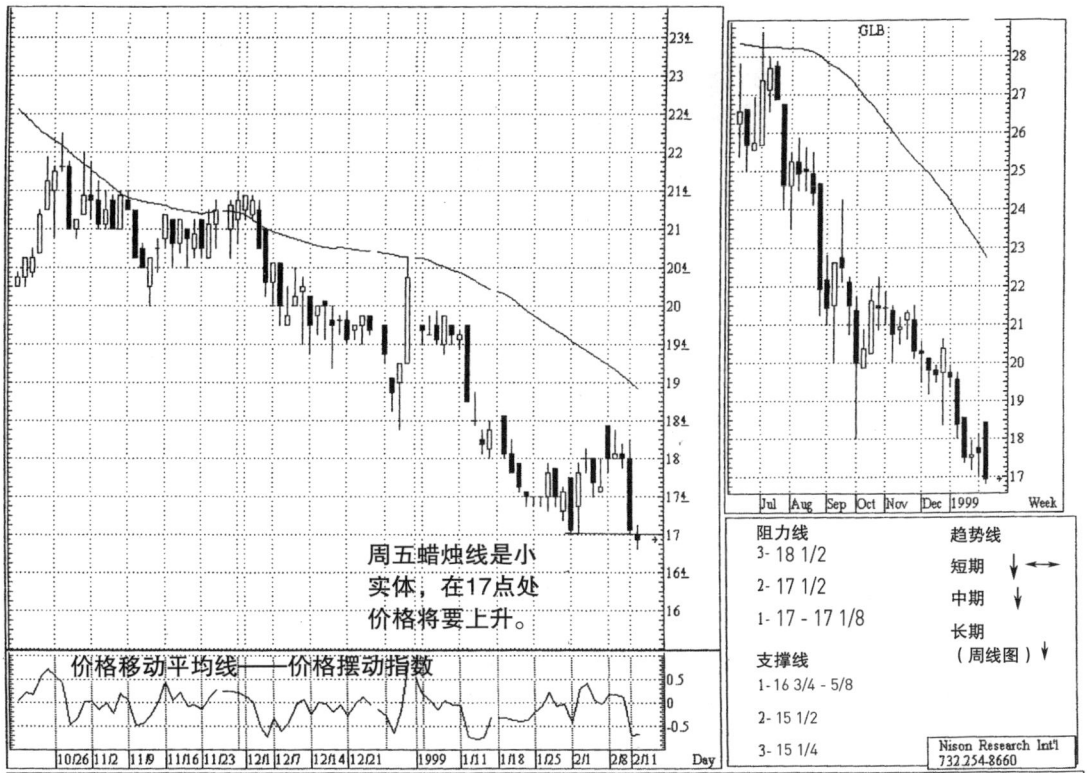

图 12.8　头肩形态和价格移动平均线 / 奔驰汽车 / 日线图

趋势很容易让人误以为其属于头肩形态。在下降趋势中，阴线的下影线测试支撑线，之后价格测试失败，随即强劲反弹。

　　如图12.10所示，蜡烛线模式看起来是超卖，实则具有一定迷惑性。

　　图12.11中的蜡烛线也具有一定迷惑性，似乎卖方力量即将用尽，价格随即回升，但是价格移动平均线持续低于价格线水平，并且价格持续走低，实际上这并非超卖。

　　交易中头肩形态变幻多样，不可能总是以非常典型的形态让交易者一目了然，甚至蜡烛线形态都可能不太清晰。如图12.12所示，交易者看到十字线形态，便以为价格下降的趋势要结束了。该日十字线的上影线和下影线都很长，交易量也高于往日水平，种种迹象都预示着价格即将反转。

图 12.9　价格趋势貌似是头肩底形态 / 奔驰汽车 / 日线图

图 12.10　迷惑性超卖（1）/ 美国运通航空公司 / 日线图

图 12.11　迷惑性超卖（2）/ 美国运通航空公司 / 60 分钟线图

　　尽管如此，图12.12所示内容并没有给出明确的买入信号，买方和卖方力量相持不下，不能左右价格趋势。图12.13展示了价格模式延续的案例，在十字线形态之后清晰出现了买入信号。5分钟线图会清晰地出现看涨吞没形态，这在日线图中并没有清晰显现出来。这说明不同时间维度的蜡烛图能够提供给交易者更多有用的信息。

　　图12.14中显示了日增量，价格趋势强劲上升，但交易者必须明确一个问题：支撑线在何处？价格平白无故地上涨且如此迅猛，以至于让人不明所以。在1月7日，阳线的下影线特别长，这又预示了哪些信息呢？

　　图12.15是同一时期的时线图，正好回答了上文中的问题。其中1月7日的交易出现了价格跳空，然后价格上升。图中清晰

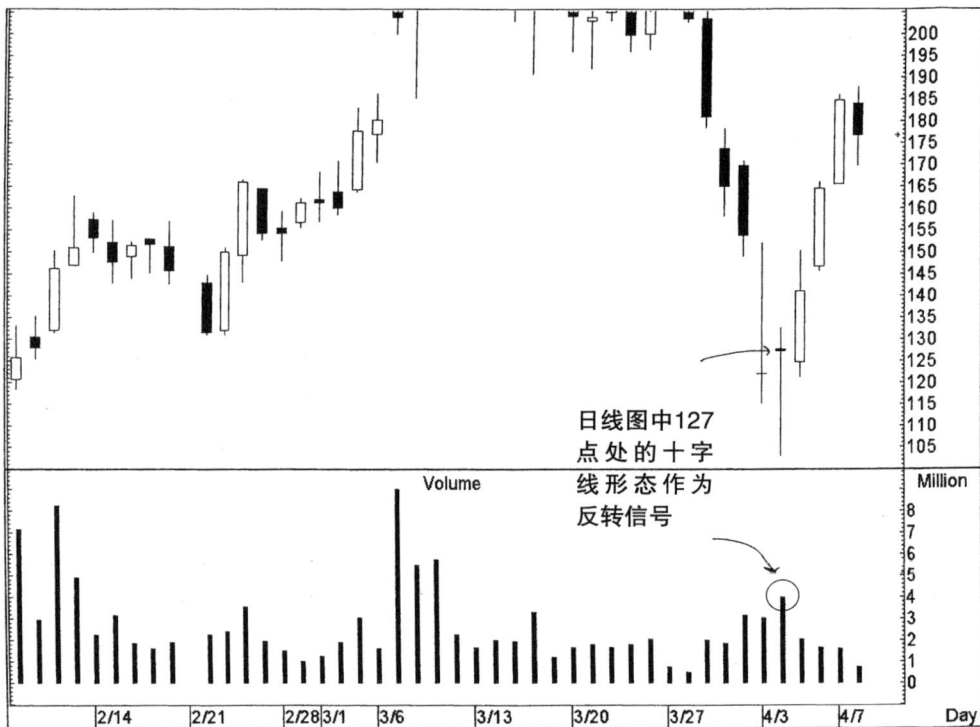

日线图中127
点处的十字
线形态作为
反转信号

图 12.12　下降趋势中的终止十字线形态／法国伊莎贝拉化妆品公司／日线图

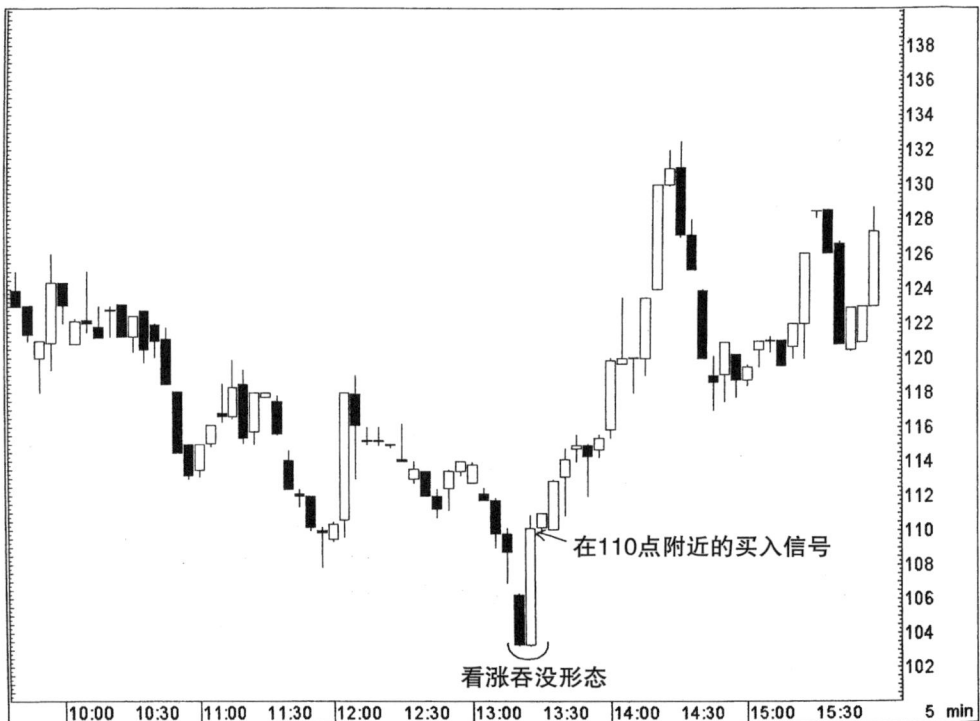

在110点附近的买入信号

看涨吞没形态

图 12.13　十字线形态之后的买入信号／法国伊莎贝拉化妆品公司／5分钟线图

图 12.14　寻觅支撑线 / 美国辉瑞制药公司 / 日线图

地显示出了支撑线，也能帮助交易者把握交易时机。

　　将视线转移到日线图来观察价格趋势，交易者通过对比就会发现时线图中包含了很多有用的信息。如图12.16所示，日线图中显示出了价格趋势，支撑线也是清晰可见的，当日阳线下影线也拉伸到34点附近。之后价格上涨，交易者可以将34.4水平视作二次支撑线。对蜡烛线形态及其头肩形态的分析，有利于交易者准确把握支撑线和阻力线的情况。这又是一个东西方分析方法相互融合的实践案例。

图 12.15　时线图 / 美国辉瑞制药公司 / 60分钟线图

图 12.16　日线图 / 美国辉瑞制药公司

自测题

1. 头肩形态包括（　　）。

　　a.3个峰值，中间峰值高于左右两侧价格高点

　　b.3个价格低点，中间价格低点低于左右两侧

　　c.在价格高点之后，价格向颈线以下移动，或低点之后突破颈线

　　　向上移动

　　d.以上所有选项

2. 关于颈线，下列说法正确的是（　　）。

　　a.和头肩顶形态峰值相关的特定价格区域

　　b.头肩形态反转后价格回调区域

　　c.和头肩形态中间头部相关价格区域

　　d.以上所有选项

3. 关于"三佛顶形态"，下列说法正确的是（　　）。

　　a.是头肩形态的别称

　　b.颈线逐渐下降

　　c.和价格高点相反，也称为逆价下跌或头肩底形态的头部

　　d.反转点以看跌吞没形态的形式出现

4. 头肩形态可以在（　　）情况中得以确认。

　　a.价格下跌到颈线以下，或者价格上涨到颈线以上

　　b.右肩出现，价格反转

　　c.单独出现一条蜡烛线反转形态

　　d.出现十字线形态后，当日交易量激增

5. 当价格趋势不明时，有必要采取什么措施？（　　）

　　a.假设当前蜡烛线是一个虚假信号

　　b.绘制时段更短的蜡烛图

c.绘制移动平均线，寻找相互确认的迹象

d.等待更清晰的蜡烛线信号

查询答案，请翻页至书末第210页。

第十三章　市场背景中的蜡烛线

无论是在日线图、时线图还是其他图表中，蜡烛线形态分析方法和西方分析方法都一样行之有效、极具价值。如果交易者习惯于使用日线图而看不出任何有价值的信息，不妨转换到时线图、15分钟线图或5分钟线图，或许能从中看出其他有价值的信息。

如图13.1所示的5分钟线图，出现了一系列吞没形态。交易者在使用不同时间跨度的蜡烛图时，很可能发现价格趋势、反转的不同情况。交易者如果进行的是日内交易，而不是在一个时间段内持续交易，那些时间跨度更短的蜡烛图就更具参考价值。

前两个价格高点处出现看跌吞没形态。第一个价格低点处出现看涨吞没形态，和最后一处价格低点共同设立了非常明显的价格支撑线。这和蜡烛线形态、价格反转同样重要。请注意，在价格上升之前，价格持续多次对支撑线进行测试。

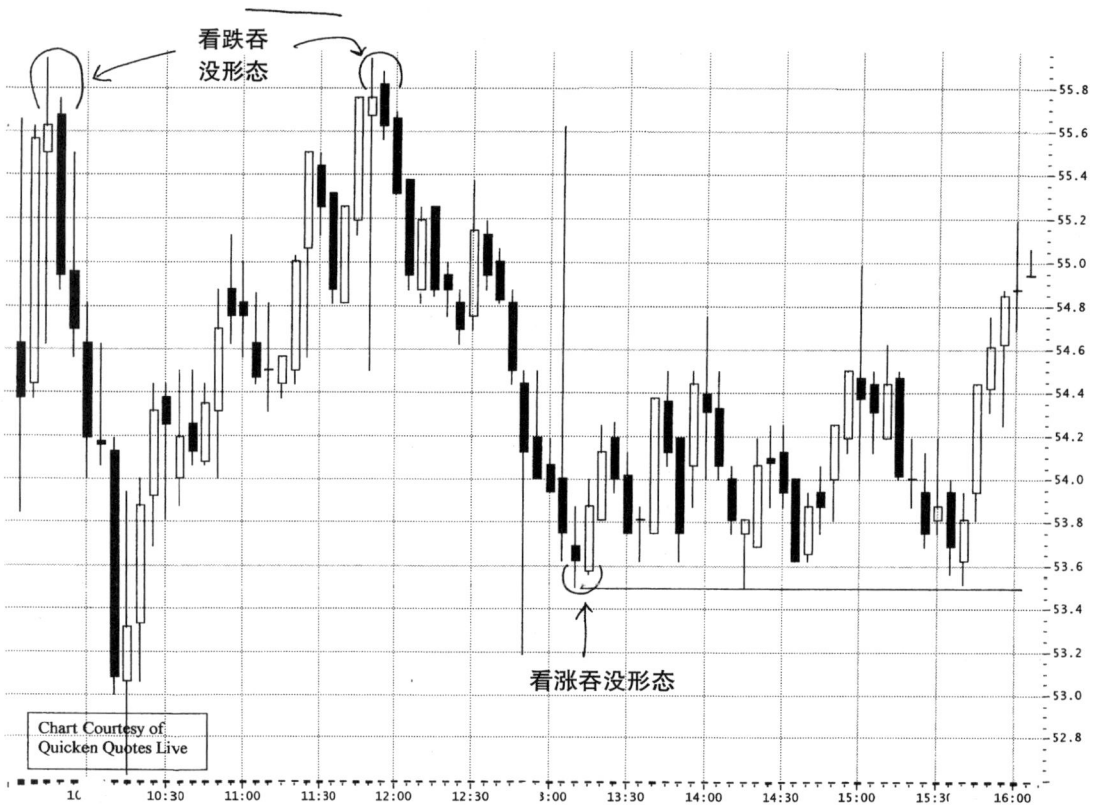

图 13.1　5 分钟线图中的吞没形态 / 2000 年 5 月 27 日

　　如图 13.2 所示的美国在线公司的 30 分钟线图。其所显示的信号让人一目了然：蜡烛线实体下影线很长，然后两次出现向上价格跳空。有了这一系列信号作为参考依据，交易者又会如何判断卖出的恰当时机呢？风高浪大线形态以阴线结束，此时就是卖出的信号。

　　很多日内交易者都是动量交易者，或者说短线投机者，往往习惯用短时间维度的蜡烛图以识别迅速变化的动量。如图 13.3 所示的的 15 分钟线图所示，首个刺透形态设立了支撑线，第二个刺透形态确认了支撑线。图中清晰显示了支撑线，那交易者的卖出信号又会在何时出现呢？图中价格迅速上升，形成了巨大的向上跳空缺口。移动速度让交易者感到不可思议，并期望价格反转以回填价格跳空。经事实检验，这形成了一个卖出

图 13.2　30 分钟线图中风高浪大线作为卖出信号 / 美国在线公司

图 13.3　15 分钟线图 / 刺透形态 / 买入和卖出 / 美国国际商用机器公司

信号。

市场背景

有时，价格趋势的持续过程比你想象的要长。当价格处于上升阶段时，交易者需要找出趋势延伸的信号，才能确保当前趋势的稳定性。日本人化用中国一句唐诗描述这种情况，即"身登青云梯"，也是对交易者的一种警示——如图13.4所示，当前价格上升的势头是"青云直上"，然而"云彩"变幻莫测。这意味着价格趋势可能瞬息万变，极有可能会突然发生反转。

现实中，市场交易瞬息万变、波谲云诡。对于反转信号和

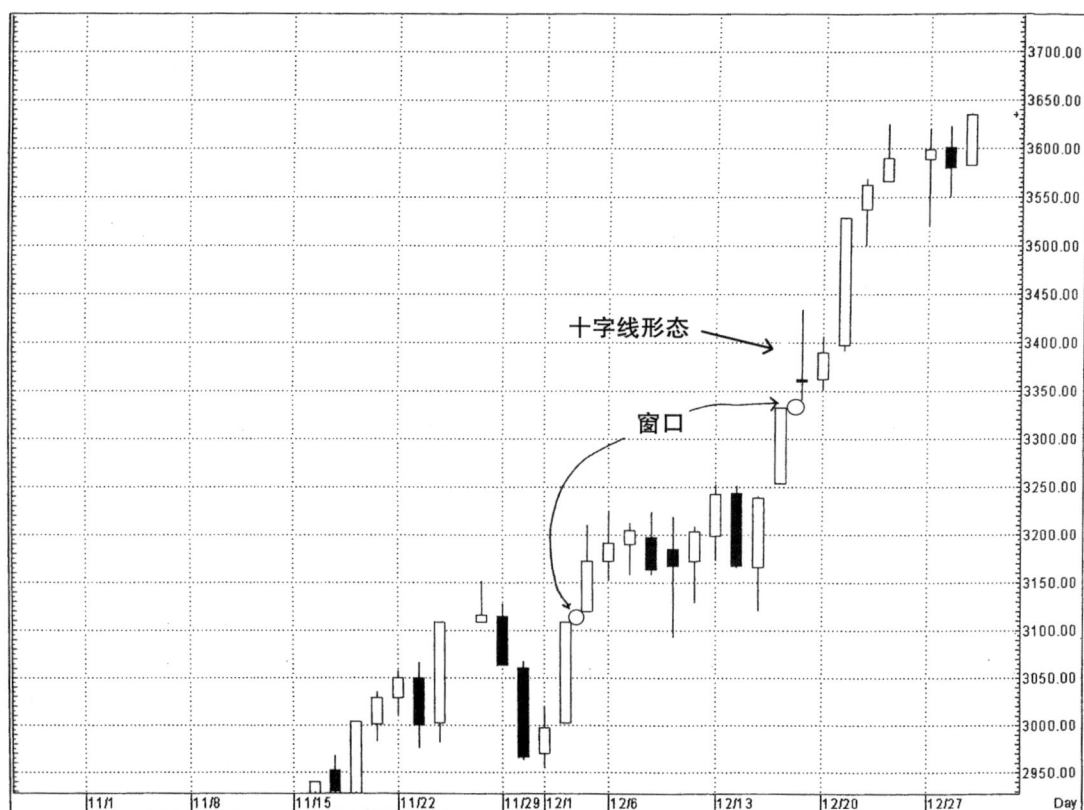

图 13.4   在市场背景中分析 / 纳斯达克 100 指数 / 日线图

延续信号，交易者可能会认为前者出现频率高于后者，但这必须将其置于交易背景中进行考量。当交易者看到一系列连续的窗口，然后出现十字线形态的上影线很长的情况时，通常会认为这是一个反转信号。然而，在这种情况下，价格会继续上升，甚至后期还会持续出现一系列小窗口。为什么会出现这种情况呢？因为十字线形态出现在价格新高点，结合持续出现的窗口形态——这是一个强烈的看涨信号。换而言之，价格变化势头比十字线形态的指示性更能说明问题。

如图13.5所示，市场交易背景同样也能影响蜡烛线发展趋势。图中出现了超长的阴线，随后紧接着出现小阳线。这意味着什么呢？在接下来的几个交易日中，支撑线保持不变，但是一系列阴线代表着下降趋势强烈。看跌势头很可能会突破支撑线。

图 13.5 在市场背景中的蜡烛线形态／艾维科技纳斯达克指数／日线图

图 13.6　市场背景中的蜡烛线 / 美国 BF 公司 / 日线图

　　蜡烛图中有时也存在虚假或误导信号，所以交易者需要借助其他蜡烛线形态对价格趋势进行确认，并将其置于市场背景中进行考量。图13.6所示的情况超乎常理，通常交易者会认为锤子线形态是一个看涨的反转信号。锤子线形态典型的下影线代表卖方力量试图拉低价格，最终以失败告终，并且出现了一系列锤子线形态，整体呈下行的价格趋势，逐渐将价格拉低。

　　在这种情况下，当第一次出现锤子线形态时，市场空头还没有完全形成。价格的确变动很大，但是在数个交易日之后才会出现比较大的价格跳空——这是一种延迟反应。图13.7显示了另一种需要综合考虑的情况，即支撑线和阻力线同时出现。

　　图13.7中出现了超长的阳线，之后紧跟十字线形态，可以看出原先的阻力线瞬间变成了新的支撑线。如果交易者没有注

图 13.7　大阳线之后出现十字线形态 / 道琼斯指数 / 日线图

图 13.8　主观预判 / 美国柯达公司 / 日线图

意到这种变化，就很难读懂图中的指示性信息。

　　交易者在研究蜡烛图时，也需要一定的个人主观预判。如图13.8所示的案例就很能说明这一点。图中信号指示性扑朔迷离，重复出现的乌云盖顶形态不是非常典型。如果阴线向下延伸到阳线中间位置，交易者就能轻而易举地预测价格趋势。然而实际情况并非如此，阴线没有将价格拉至阳线的中间位置，让交易者很难看准价格趋势。

　　这个信号导致了下降趋势的延续，但这个信号并不完整。有时，当反转信号的预示性很弱时，就需要指示性更强或更多信号以确定未来趋势。如果十字线形态单独出现，而不是和窗口形态一起出现，就需要更多的时间观望价格趋势。如图13.9所示，十字线形态和窗口同时出现，预测性也就会更强、更

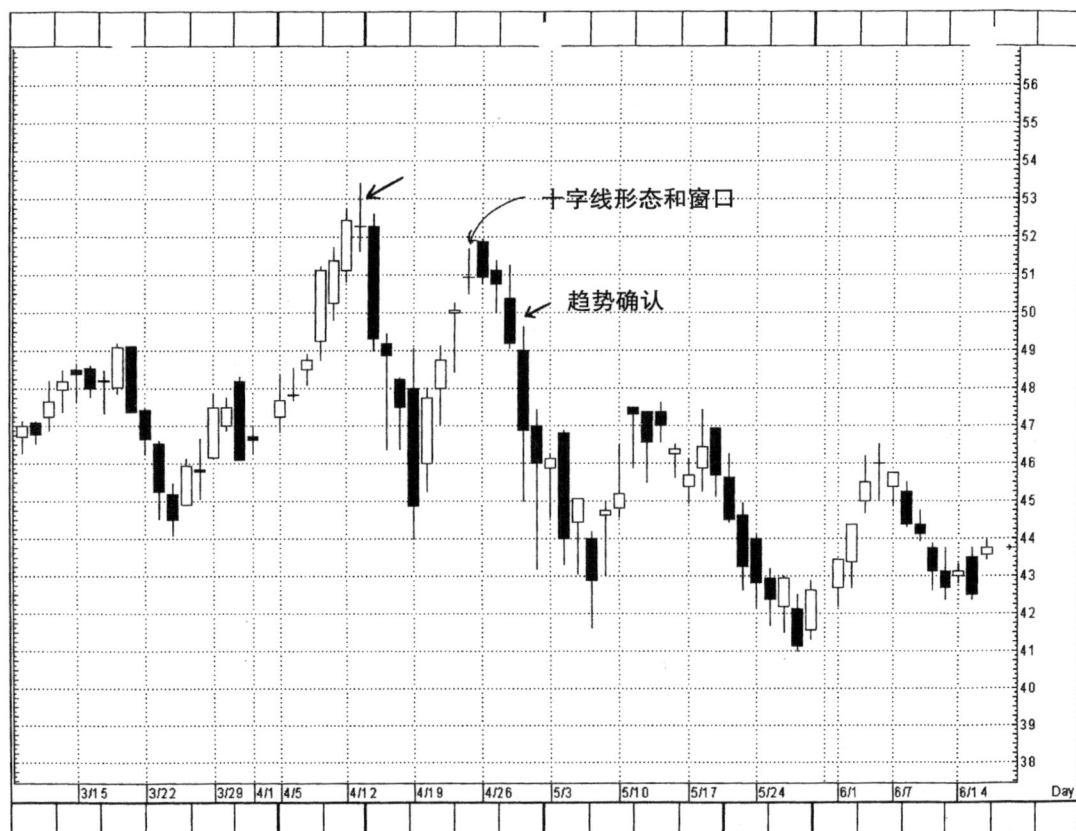

图 13.9　十字线形态和窗口 / 美国沃尔玛公司 / 日线图

准确。

　　图中同时出现了十字线形态和窗口，但是为了确认价格趋势即将反转下跌，交易者必须等到价格回落到窗口之下才能进行确认。这种情况直到十字线形态之后的第三个交易日才得以实现。如果交易者要按照蜡烛线形态确认原则进行操作，不可操之过急，必须保持耐心等待鱼儿上钩。

　　交易者会发现共同运用东西方技术进行价格分析，二者能相得益彰。如图13.10所示，乌云盖顶形态不是非常典型，阴线并没有将价格拉低靠近中间位置，但阴线和阳线的上影线却有着非常重要的意义，说明价格趋势未能保持价格新高，同时预示着价格即将反转下跌。以上情况说明，观察分析蜡烛线需要

图 13.10　东西方分析方法的确认 / 美国爱依斯全球电力公司 / 日线图

在市场背景中进行。

汇聚

通过市场背景观察分析蜡烛线形态，需要引入一个重要概念：蜡烛图信号的汇聚。根据东西方分析方法，在某个交易时段内，综合汇聚在一起相互确认的指标越多，预测市场的准确性就越高。

如图13.11所示，请注意在价格低点同时出现了锤子线和流星线，二者都是强烈的反转指标。然而，图中相对强弱指数

图 13.11　汇聚 / 世界商讯机构 / 日线图

非常强劲地上升，但在价格下跌结束时成了看涨相互背离。图
13.11中锤子线和流星线的出现确认了相对强弱指数，并准确预
测了上升趋势。

> 蜡烛图信号的汇聚指的是不同指标之间相互确认，尤其指的是东西
> 方信号指标之间的组合。

图13.12显示了另一个蜡烛图信号汇聚的例子。看涨吞没形
态形成了一个强烈的反转和新支撑线，之后的价格测试和孕线
吞没形态确认了这种情况。孕线吞没形态中十字线形态紧随超
长的实体之后。

图13.13中标记的下影线形成了新的支撑线，后来被下影线

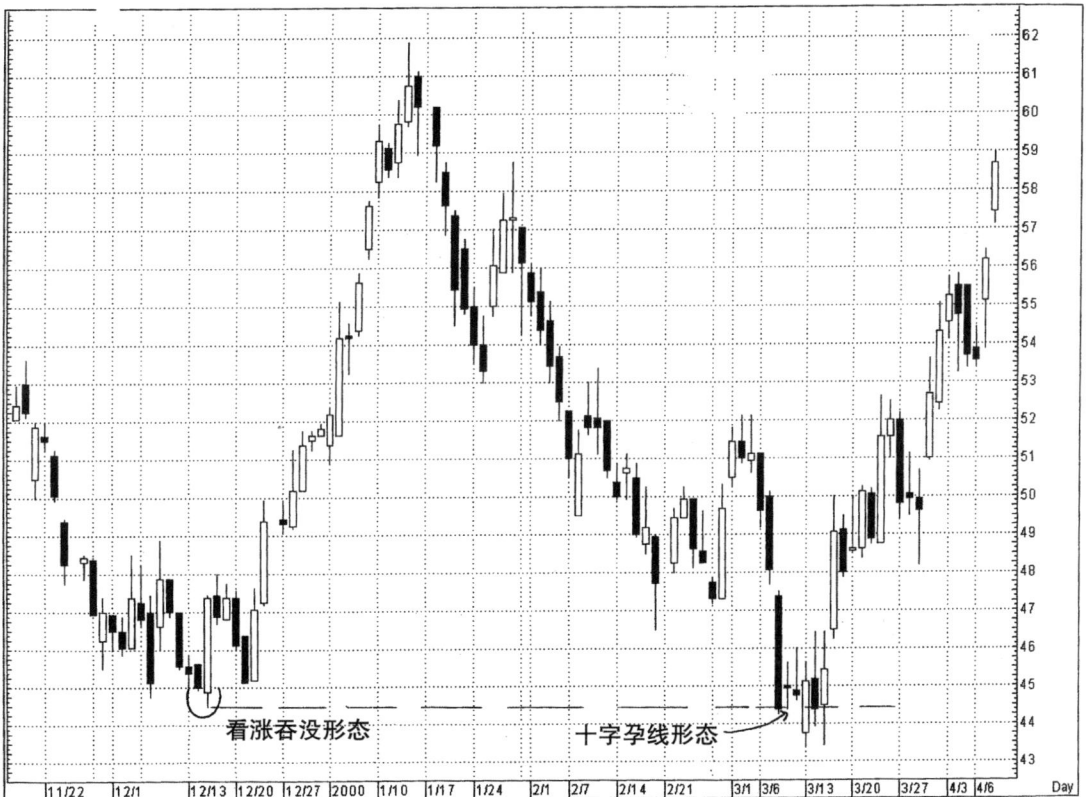

图 13.12 看涨吞没形态和十字孕线形态 / 希悦尔公司 / 日线图

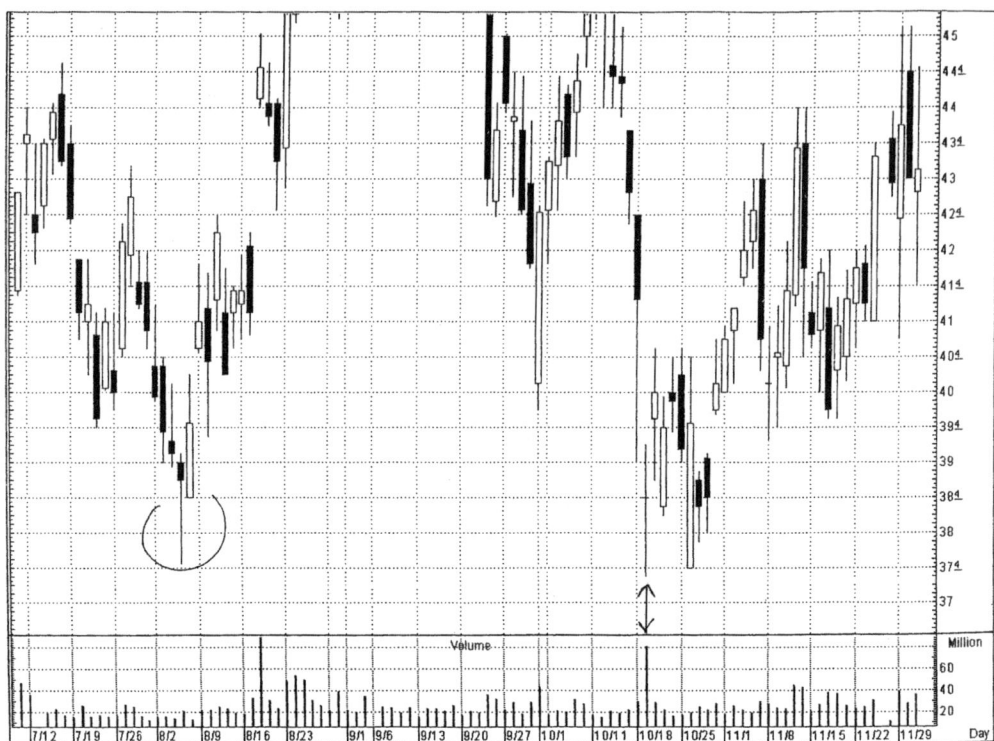

图 13.13　新支撑线 / 美国戴尔公司 / 日线图

再次测试。图中超长的下影线出现在十字线形态中，正如交易者所料，十字线形态确认了下降趋势的底部，并且价格开始触底反弹。

如果图中势头强劲的趋势线最终成为明显的指示性信号，就成了另外一种汇聚。如图13.14所示，价格上升遇到很强的阻力。但随着上升势头减弱，蜡烛线的实体在上升过程中逐渐变小，直到价格顶部成为十字线形态，然后价格反转向下，并出现价格向下跳空。十字线形态和超长的上影线就是价格见顶，即将反转的强烈指示性信号。

图13.15显示的内容更加微妙，但同样重要。对蜡烛图信息的分析解释并非一成不变，必须在特定的市场背景和条件中进行分析。图13.15所显示的信息体现了日本分析方法的智慧，也就是本书要讲的"欲知江湖事，须往江湖中"，同样要想深刻

图 13.14　汇聚——小实体 / 卡塔丽娜市场营销策划公司 / 日线图

图 13.15　适应市场 / 美国吉列公司 / 日线图

研究市场信息，那就要面向市场。只有如此，才能修炼成在市场驰骋纵横的交易高手。

具体如何操作呢？在图中所示的情况中，交易者需要一丝不苟地研究每一个细节，才会发现一些适应市场的线索。第一条线索是巨大的向下跳空，第二条线索是向上跳空，二者形成一条阻力线，后者向上突破形成阻力线。这意味着价格将突破阻力线吗？谋而后动，静待时机，交易者需要耐心等待其他信号进行确认。如此一来，交易者就能清楚地看见，价格上升后继乏力，最终价格回落。

如图13.16所示，价格移动线设定了新的支撑线，并突破了之前的阻力线，但突破的时间不长。事实上，下一个出现的大

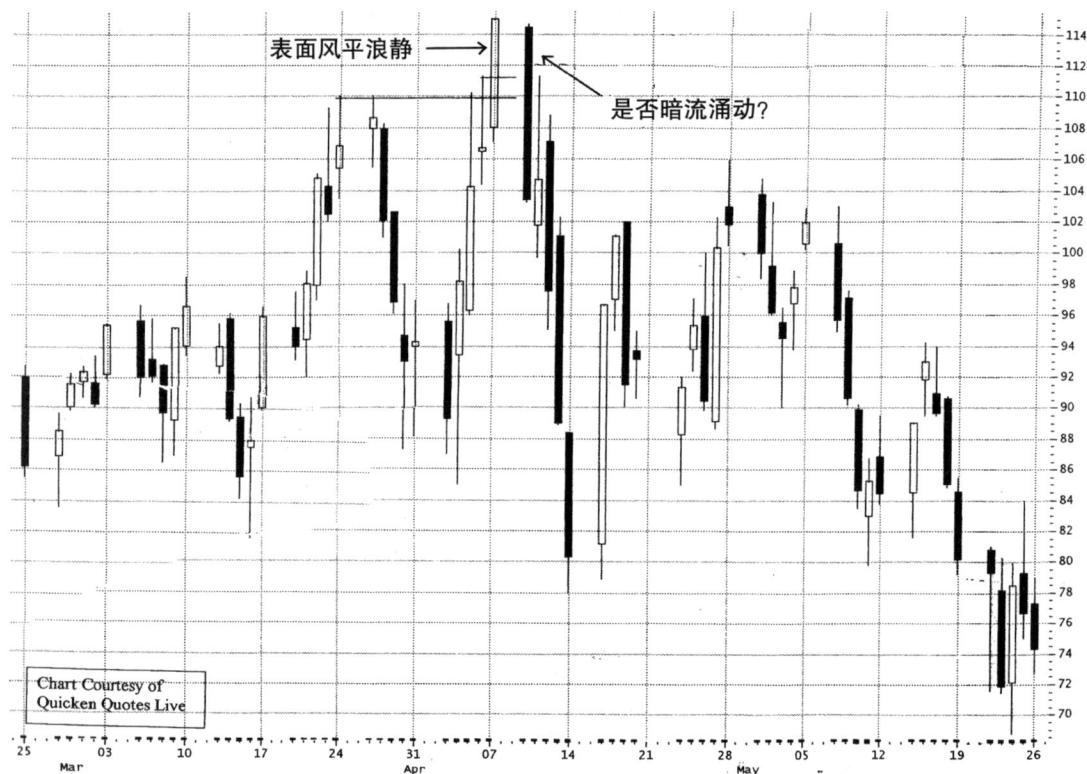

图 13.16　价格回落 / 阿玛特 2000 年 3-5 月日线图

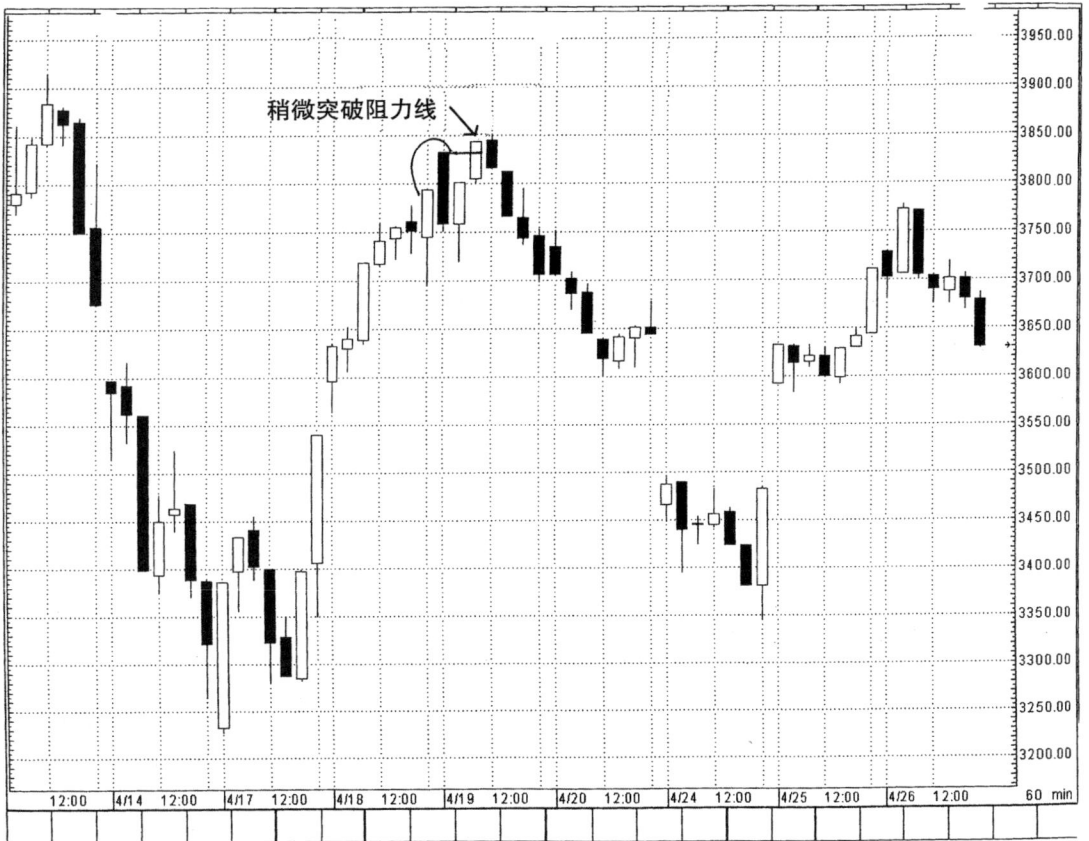

图 13.17 乌云盖顶形态——适应市场 / 纳斯达克指数 / 60 分钟线图

阴线意味着价格将会下降，交易者则可能会改变主意。烛台模
式的预示性并不总是很清晰，只有通过更多指标性信号进行确
认，未来趋势才能逐渐明朗。如图13.17所示，图中乌云盖顶
形态意味着价格反转，但接下来的两个交易日收市价在阻力线
上方。这是价格在测试阻力线，还是虚假信号？在下一个交易
日，价格趋势不言自明：价格开始下降，价格趋势持续且势头
强劲。

　　本书要提到的另一个东方分析方法的智慧是"让子弹飞一
会儿"。如果是在牛市，那就让价格上升一会儿，交易者再顺
势而行。如图13.18所示，交易者会注意到新的阻力线，价格在
十字线形态出现后上升。价格从看跌吞没形态之后一直受到阻

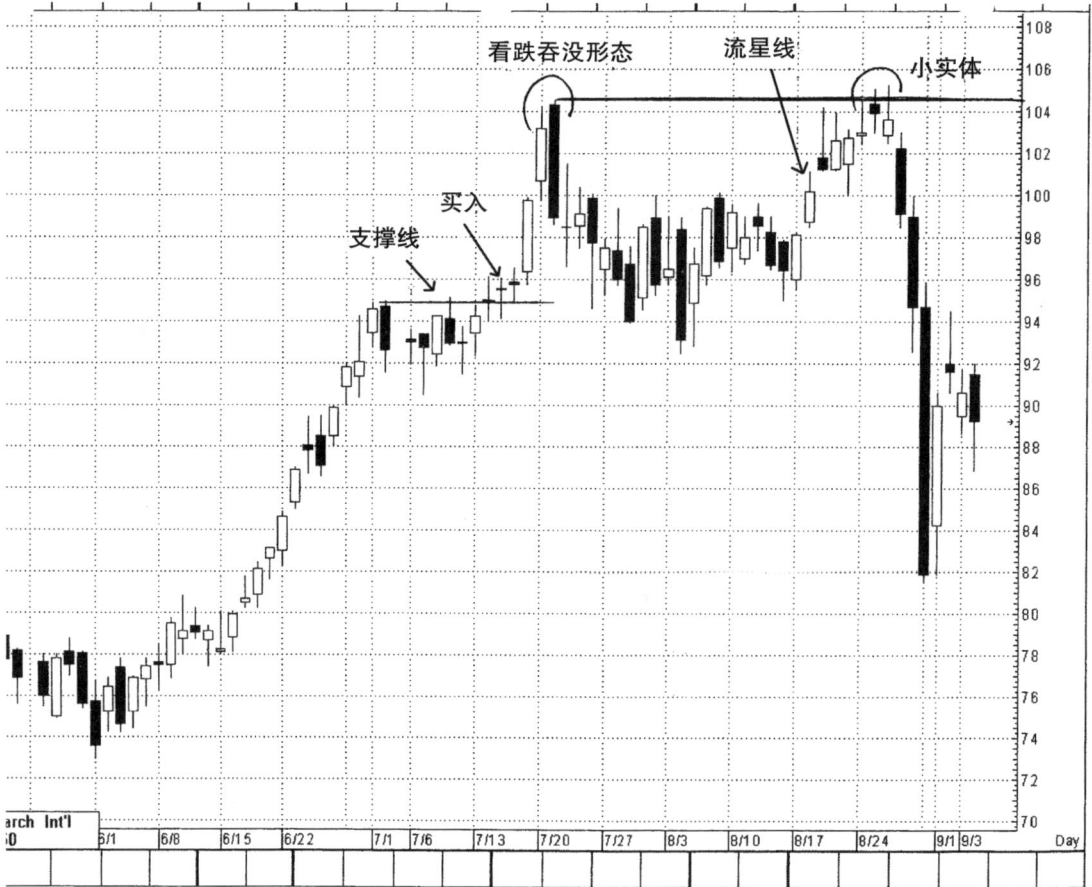

图 13.18　让牛市证明上升劲头 / 美国思科公司纳斯达克指数 / 日线图

力，并开始下降。而在出现买入信号之前，价格一直都在小幅上升。显然，阻力线正在悄然转变成新的支撑线。

　　接下来会发生什么呢？价格将测试支撑线，但最终没能跌破支撑线。与此同时，在价格高点会出现另一个看跌吞没形态，价格再次测试支撑线，随后价格恢复到高点。此时交易者会发现流星线形态之后出现了一系列小实体，这种价格趋势延续信号显然预示着反转下行。

　　在市场背景下，对蜡烛线形态的研究也涉及一个非常重要的概念，即交易者必须预判蜡烛线形态存在的风险和预期回报。仅仅分析蜡烛线形态好比盲人摸象，做出的判断很可能是片面的，而需要将其置于市场背景中分析价格宏观趋势。

在日本分析者中间流传着这样一种说法，"援弓蓄力，发矢中的"，用来比喻市场交易中，交易者反反复复、仔仔细细地研究价格趋势是为了一箭命中适当的交易时机。

图13.19非常清晰地显示了价格在低点反转上升，并出现了超长的下影线。但此时，交易者还不能评估风险性，因为此时价格还在横向移动，只有等到出现第二条下影线，才能确定新的支撑线位置。如此一来，价格上升趋势就清晰地显示出来了。

图13.20显示了另外一种情况，风险或回报比测试至关重要。图中非常清晰地出现了看涨吞没形态，需要结合窗口一起考量。这似乎预示着价格上升，但实际上价格却下降了。从

图 13.19　上升趋势反转 / 周线图

图 13.20　风险或回报比确认 / 美国 NDN 公司 / 日线图

中可得知，一些蜡烛线形态即使指示性很强，也具有一定误导性。这就需要交易者练就火眼金睛来识别信号的真伪，同时练就七十二般变化的本领以趋利避害。

后期出现的一些蜡烛线形态通常能对趋势进行确认。如图13.21所示，在巨大向上跳空后出现看跌吞没形态。此时，交易者很可能认为价格会回落，填补跳空。虽然这种情况似乎合乎常理，并且屡见不鲜，但实际上并没有其他蜡烛线形态确认这种趋势。所以，明智之举是静观其变。尽管交易者能从中找出蛛丝马迹，但价格继续上升，直到第二个乌云盖顶形态才终结了上升趋势。后面的乌云盖顶形态是一个反转性很强的信号，也证实了这一条经验——单一的看涨吞没形态不足以准确预测，还需等待其他形态确认价格趋势。

这些虚假信号和趋势确认信号，比如延迟反转的信号，反映了利用蜡烛图表进行分析的一大优势，那就是资本保值。如

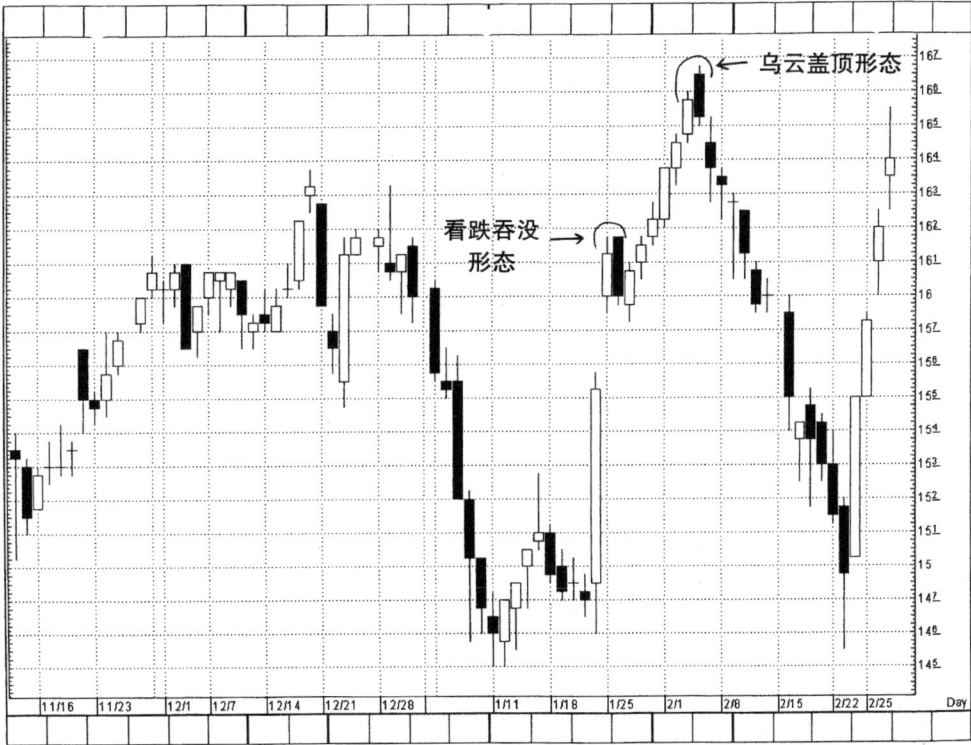

图 13.21　后续蜡烛线确认形态 / 沃尔玛公司 / 日线图

图 13.22　蜡烛线形态和资本保值 / 美国辉瑞公司 / 日线图

图13.22所示，交易者会发现价格到达新高，好像出现了风高浪大线形态。这条蜡烛线形态标志着价格上升趋势见顶，是一个明确的反转信号。果然，价格反转向下。通过类似的指标来准确把握时机，能够让交易者做到资本保值，进而实现资本利益最大化。

为了将蜡烛线信号前后联系在一起，交易者需要尽可能找出确认信号，包括东西方分析方法涉及的指标。正所谓"兼听则明，偏听则暗"，如果只是偏执地相信其中一种分析方法，就很可能忽略一些显而易见的确认信号或反转信号。这是市场操作中的大忌。如图12.23所示，很多信号前后相互确认。

首先交易者会清晰地看到上升趋势线，这也是一条上升阻力线。当然，否极泰来、盛极必衰，任何趋势最终都会发生改

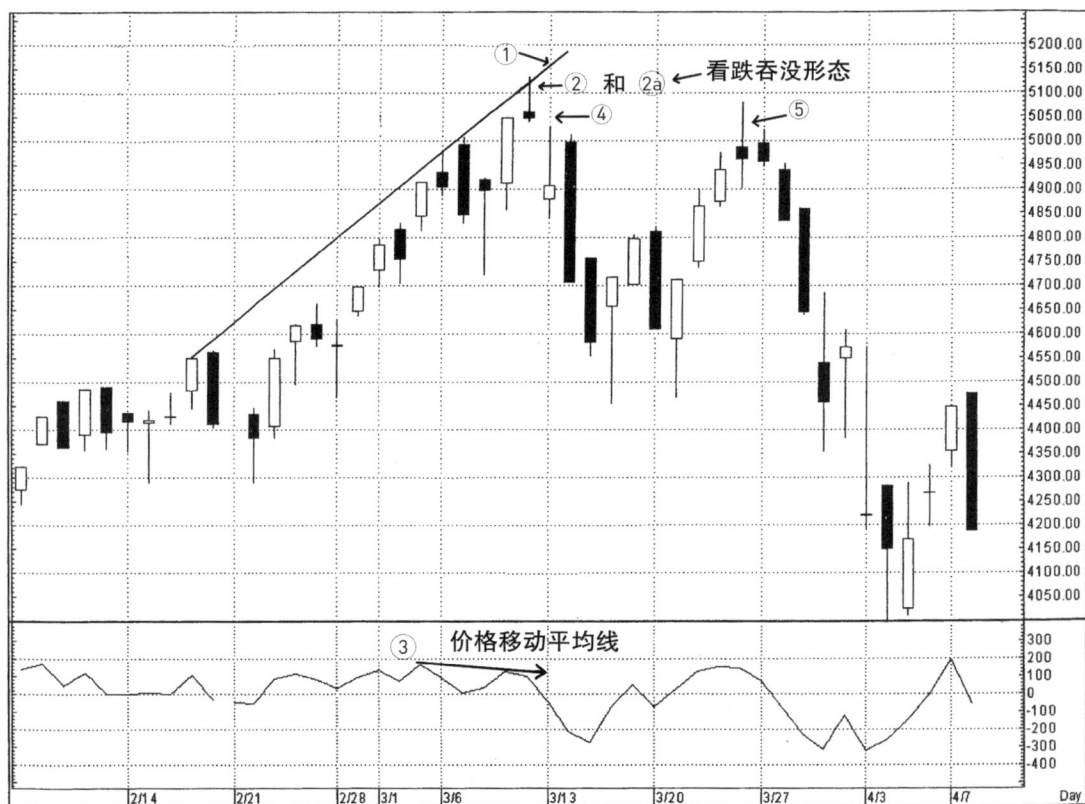

图 13.23　信号前后相互确认 / 纳斯达克指数 / 日线图

变，图中快速上升的趋势也终究会反转下降。流星线②结束了
上升趋势，这是一个即将反转的信号。在②a点出现了看跌吞没
形态，虽然价格趋势在此处并不明朗，但是换成时线图（如图
13.24所示），交易者就会发现价格平均线之上出现了看跌背离
形态。

即使价格趋势线继续上升，从价格移动平均线也能看出上
升后继乏力。在此之后，出现一个非常小的窗口，随即价格下
降后反弹上升。最后一个价格跳空为5点，同时也出现了风高浪
大线，之后价格迅速下降。这种综合分析显示了综合运用东西
方分析方法，能让分析更加准确，帮助交易者准确把握最佳时
机。如图13.24时线图所示，在2a处的信号更加清晰。

在此处，蜡烛线形态更加清晰。上升趋势结束后是短暂的

图 13.24　60分钟线图看跌吞没形态／纳斯达克指数／时线图

价格横向运动，然后出现较大的价格向下跳空。在这段时间内，上升趋势结束的迹象已经非常明显。因为，交易者不仅需要借助东西方分析方法进行分析，还需要通过参考多维度的时间图来仔细分析。

结论

蜡烛线能让交易者洞彻先机。请记住重要的一点，蜡烛图分析方法是诸多分析方法中的一种，并与其他分析方法有着千丝万缕的联系，并非凭空产生、独立存在的。因此，我希望分析师能将蜡烛图分析方法纳入其分析手段的范畴，而不希望他们索性摒弃西方分析方法。

正所谓"授之以鱼不如授之以渔"，我希望通过本书的讲解，能让更多交易者熟练掌握"渔"之道以享"鱼"之利。通过细致的研究和观察，我相信交易者能够解密蜡烛图中的信息。在识别价格反转方面，我认为蜡烛线分析方法有着无与伦比的优势。虽然不能万无一失，但相较于其他分析方法，蜡烛图分析方法还是能够让交易者多出几分胜算。令我更加兴奋的是，借助东西方分析方法得出的结果竟然惊人相似。二者好比鸟之双翼，左右齐振，才能高飞远翔。

自测题

1. "市场背景中的蜡烛线"是指（　　　）。

　　a.适用于所有时间段的蜡烛线形态

　　b.烛台模式和西方指标之间的关系

　　c.解读接近新高或新低的指标

　　d.以上所有选项

2. 动量交易者通常会通过（　　　）种方式发现价值更高的指标。

　　a.根据看涨信号限制他们的交易决定，这比大多数看跌信号都强

　　b.只有当蜡烛线指标异常强劲时才采取行动

　　c.用更短时间维度的蜡烛线以寻找清晰的反转指标

　　d.以上所有选项

3. 为避免虚假信号，需要依靠什么信息？（　　　）

　　a.东西方分析方法中的不同指标之间相互确认

　　b.振荡指数更可靠，尤其是当这些指标揭示背离时

　　c.连续的蜡烛线模式是识别反转的唯一可靠方法

　　d.以上所有选项

4. 蜡烛图信号的汇聚指的是（　　　）。

　　a.当价格趋势发生变化时，支撑线和阻力线之间的交叉点

　　b.在吞没形态中某个交易日蜡烛线实体的中间点

　　c.不同指标之间相互确认，包括分析方法之间相互确认

　　d.摆动指数从正转到负的点，反之亦然

5. 风险或回报比是以下（　　　）方面哪个的重要概念。

　　a.蜡烛线帮助交易者确定买入和卖出的最佳时机

　　b.信号之间的确认

c.根据市场背景识别虚假信号

d.以上所有选项

章末自测题答案

第一章

1.b 2.d 3.b 4.d 5.d

第二章

1.c 2.b 3.c 4.a 5.a

第三章

1.c 2.d 3.a 4.b 5.d

第四章

1.d 2.b 3.a 4.c 5.c

第五章

1.b 2.d 3.a 4.b 5.b

第六章

1.c 2.a 3.d 4.d 5.a

第七章

1.c 2.d 3.b 4.a 5.c

第八章

1.c 2.a 3.c 4.b 5.d

第九章

1.c 2.a 3.c 4.d 5.a

第十章

1.c 2.c 3.d 4.a 5.b

第十一章

1.d 2.a 3.b 4.b 5.c

第十二章

1.a 2.d 3.a 4.a 5.d

第十三章

1.a 2.c 3.a 4.c 5.d